智能交通先进技术译丛

交通运输系统的可靠性与安全性

Transportation Systems Reliability and Safety

[加] B. S. 迪隆 (B. S. Dhillon) 著

丁 川 鲁光泉 王云鹏 译

机 械 工 业 出 版 社

本书对交通系统可靠性与安全性的基础知识、分析方法与应对处理等进行了系统性的论述，涵盖了道路、铁路、航空和水运等交通系统可靠性与安全性的基础理论和方法，提供了非常有价值的理论参考，对我国交通系统可靠性与安全性领域的研究和发展具有重要的意义。本书适合交通运输业中可靠性与安全性方面的研究人员、运输系统管理员、交通运输工程本科生与研究生、交通运输领域研究人员与教师，以及工程师阅读使用。

前　言

在全球范围内，每年花费在飞机、轮船、汽车、火车等交通运输系统的开发、制造、运营和维护上的金额达数十亿美元，而这些运输系统的全球影响力也同样是巨大的。例如，仅航空工业对于全球经济的影响（直接、间接、诱导和催化等）大约就有2.96万亿美元。

尽管如此，由于交通运输系统的可靠性与安全性不尽如人意，致使每年都有成千上万人直接或间接死于交通事故。例如在美国，每年仅由汽车引起的交通事故就造成约42000人死亡和数十亿美元的经济损失。

近年来，已经出现了大量关于交通运输系统可靠性和安全性的期刊及会议论文，但在笔者看来，市面上并没有一本涵盖该领域最新研究进展的相关书籍，这使得需要搜集该学科信息的人员不得不查询多种多样的信息源，对信息搜集构成了实质性的障碍。

因此，本书的主要目的是为了消除驳杂的信息源，并为渴望获得相关领域信息的人们提供最新的学科信息。本书在每一章的结尾参考部分给出了章节中提到的大部分材料的信息来源，有助于读者在读完本书后寻找相关的资料和书籍，在专业的领域进行更深入的研究。为了帮助读者对后续章节内容的理解，书中介绍了相关的数学概念以及可靠性和安全性的基础知识，并且单独设立了一章来介绍交通运输系统可靠性与安全性分析的实施方法。

本书尽可能让没有过多相关知识储备的读者理解书中叙述的内容，在书中合适的地方加入了相关实例及其解决方案，并在每一章的结尾设置了习题来测试读者的理解程度。本书最后提供了从1968年到本书出版时相关著作的目录清单，其中包括大量的直接或间接介绍交通运输系统可靠性与安全性的材料，希望给读者提供一个更加广阔的学术视野。

本书共有11章。第1章介绍的内容包括：交通运输系统可靠性与安全性的历史发展及其必要性；交通运输系统可靠性和安全性的现实意义、相关数据和典型事例，相关领域的重要术语及定义，获取交通运输系统可靠性与安全性相关信息的有效来源，以及本书涵盖的范围。第2章介绍了一些相关领域的重要数学概念，有助于读者更好地理解后续章节，其内容包括布尔代数、概率性质、概率分布以及一些重要的定义。

第3章介绍了可靠性与安全性相关的基础知识。第4章介绍了一系列有助于交通运输系统可靠性与安全性分析的实施方法，包括：故障模式与效果分析、故障树分析、马尔科夫方法、危险与可操作性分析、接口安全性分析、初步危害性分析、工作安全性分析和业务审查技术。

第5章介绍了交通运输系统故障，主要包括：机械故障有关的航空事故、车辆故障分类、铁轨缺陷与焊接故障、铁路和公路油罐车的故障模式及故障后果、船舶故障及其后果、海洋环境故障及微观分析技术故障调查。第6章共介绍了11种数学模型，用作不同种类的交通运输系统可靠性分析。

第7章和第8章分别介绍了铁路安全以及货车和公共汽车的安全问题。第七章的主题包括：铁路相关事故事件的原因、基于影响和原因的铁路事故一般分类、铁路脱轨事故事件及其原因、"伸缩式"铁路事故、特定国家的铁路事故、铁路油罐车安全以及铁路安全性分析实施方法。第8章的主题包括：货车和公共汽车安全的热点问题、货车安全相关实例及数据、货车安全的常规问题、货车安全检查提示、公共汽车和长途客车乘员死亡及重伤、公共汽车安全和安全功能领域的关键设计以及车辆安全数据源。

第9章介绍了航空和船舶安全的各种重要层面，包括：美国航空相关的死亡及事故率、航空器空中事故及空难致因、国际航空事故分析、空中安全相关的监察机构及其职能、航空记录与报告系统、值得关注的海洋事故、船舶安全评估和船舶港口相关危险。

第10章致力于介绍铁路及道路运输系统中的人为错误，主题包括：铁路系统中人为错误相关事实和数据及例子、铁路操作相关的典型人为错误发生区域、铁路运营中铁路人员容易犯错的任务及诱因、道路运输系统人为错误相关因素及图表、驾驶人错误分类及常见的驾驶人错误、对商业驾驶人表现的操作性影响、特定发展中国家的公共汽车事故及导致事故的驾驶人错误等。

最后，第11章介绍了航空与海上运输系统中人为错误的各种重要层面。本章包含的话题有：航空相关人为错误的事实和数据及例子、机组人员决策错误诱因、飞行员－交管员通信错误类型及减少通信错误的建议、船舶相关人为错误的事实和数据及例子、海洋工业部门面临的人力因素相关问题、减少人力对船舶系统可靠性的影响及增加可靠性的方法、海上系统中执行风险分析的方法等。

本书将对许多人有所帮助，包括交通运输业中可靠性与安全性方面的研究人员、运输系统管理员、交通运输工程本科生与研究生、交通运输领域研究人员与教师，以及大多数交通运输系统工程师。作者对很多人表示感谢，感谢我的朋友、同事、学生及他们的无形付出。同时，也感激我的孩子贾丝明和马克的无形贡献。最后也是最重要的是，我还要感谢妻子罗茜的协助，感谢她为我排版并校对整本书籍。

B. S. Dhillon

加拿大安大略省渥太华

关于作者

B. S. Dhillon 博士是渥太华大学机械工程系的交通管理教授。他已经在机械工程系/工程管理项目担任主席/主任超过十年时间，在可靠性工程、可维护性、安全性、工程管理等领域发表了超过 350 篇论文（203 篇期刊论文和 147 篇会议论文），并且是 10 家国际科学期刊的编委。此外，Dhillon 博士已经在医疗保健、工程管理、设计、可靠性、安全和质量等各方面由威利（1981）、范诺斯丹（1982）、巴特沃斯（1983）、马塞尔·德克尔（1984）、帕加马（1986）等出版商出版了 37 本书籍。他的书籍被超过 100 个国家使用，并有许多被翻译成外文，譬如德文、俄文、中文和波斯文等。Dhillon 博士还是统计分布的创始人，该分布在世界各地的出版物中被统计研究人员称为 Dhillon 分布。

Dhillon 博士已经连续担任两项可靠性与质量控制国际会议的总主席，他同时也是多个组织机构的顾问，并在工业部门有着多年的工作经验。在渥太华大学期间，他已经教授可靠性、质量管理、工程管理、设计以及相关领域超过 30 年，并且已经在超过 50 个国家授课，包括在北美、欧洲、亚洲以及非洲举办的各种国际科学会议上的主题演讲。2004 年 3 月，Dhillon 成为外科手术错误会议/研讨会上的卓越演讲人，该会议由白宫医疗与安全委员会和五角大楼发起，在华盛顿特区第一宪法大道的国会山庄举办。

Dhillon 教授在威尔士大学取得了电气和电子工程学的学士学位与机械工程学的硕士学位，并在温莎大学取得了工业工程学的博士学位。

译者序

随着城镇化进程的不断加快，以北京、上海等为代表的特大城市的中心地位和区域主导作用持续增强。作为城市健康运行的主动脉，交通系统在城市经济社会发展和居民日常生活中扮演着越来越重要的角色。我国交通系统在高速铁路和高速公路等领域均已位居世界前列，并在积极寻求由“交通大国”向“交通强国”的转变。随着城市规模的持续扩大，与之相对应的是城市交通系统变得越来越复杂，尤其是城市交通系统的可靠性与安全性面临着前所未有的挑战。

为满足居民的基本出行需求，提升出行品质，交通系统的可靠性与安全性可谓是最基本的功能诉求。比如，对于出行者而言，如何安全而又准时地到达目的地，合理规划出发时刻，已成为广大居民日常生活中关注的焦点。对于交通管理者而言，如何保障城市交通系统运行过程中的抗干扰能力和抗毁能力，进而提升城市交通系统可靠性与安全性亦成为其关注的重点。可以说，不断提升交通系统的可靠性与安全性水平已成为社会各阶层的共识性需求，这也是我国迈向“交通强国”的基本要求，更是关乎我国国计民生和国家安全的重要保障。

交通系统可靠性与安全性的研究一直是国内外众多学者关注的热点。B. S. Dhillon对交通系统可靠性与安全性的基础知识、分析方法与应对处理等进行了系统性的论述。本书的翻译出版，对我国交通系统可靠性与安全性领域的研究和发展具有重要的意义，提供了非常有价值的理论参考。

本书的翻译工作由北京航空航天大学的丁川、鲁光泉和王云鹏负责。参与翻译的人员主要包括潘日佩、戴荣健、龙文民、段金肖、许晓彤、童睿、赵鹏云、杨刚、任航。作为一本学术专著，本书涵盖了道路、铁路、航空和水运等交通系统可靠性与安全性的基础理论和方法。在翻译的过程中，我们尽可能保留原著的写作风格，但由于自身水平有限，本书在翻译过程中难免存在不足之处，也请各位读者谅解。

译者

北京航空航天大学

目 录

第 1 章 概述

1.1 背景

每年，全球对交通运输系统如飞机、船只、火车和汽车的开发、制造、运行和维护都要花费数十亿美元，而这些运输系统每年在全世界范围内也运送了数十亿吨的货物和数十亿的乘客。例如，按照国际航空运输协会（IATA）的统计，全球900 家航空公司约 22000 架飞机，每年都会运送因公出差或者休闲旅游而出行的 16 亿名乘客。

在交通运输系统运行的过程中，全世界每年有成千上万的人因为各种类型的故障和事故失去了生命。例如，仅在美国，每年在高速公路上因发生汽车事故造成死亡的人数就有约 42000 人。就经济损失而言，1994 年，美国经济因机动车事故所造成的损失就高达 1500 亿美元左右。

交通运输系统可以直接或间接地影响全球经济和环境，因此交通运输系统发生故障已成为一个重要的全球性问题。虽然对可靠性和安全性领域研究的历史可以分别追溯到 20 世纪 40 年代和 19 世纪 60 年代，但是仅仅从 20 世纪 70 年代起，人们才开始认真地思考交通运输系统可靠性和安全性的问题。自 20 世纪 60 年代末以来，大量与交通运输系统可靠性和安全性相关的刊物相继出现，在本书的附录中列出了超过 400 个这样的刊物。

1.2 交通运输系统可靠性和安全性事实、数据和案例

下面我们先列出一些直接或间接涉及交通运输系统可靠性和安全性的事实、数据和案例。

1）1990 年，全世界约有 4000 万起交通事故发生，约 100 万人死于起交通事故。根据世界卫生组织的预测，到 2020 年，全世界由交通事故造成的死亡人数可能会增加到 230 万以上。

2）根据 Odero 的说法，全球每年仅由道路交通事故造成的经济损失就超过了约五千亿美元。

3）在 1993 年，美国有约 4500 辆货车被卷入严重交通事故中，每起严重事故

至少造成了一人死亡。

4）1950—2008 年，全球每 10 年由于机械故障而造成的商用飞机事故数量如下：

21（1950—1959）

20（1960—1969）

23（1970—1979）

21（1980—1989）

21（1990—1999）

28（2000—2008）

5）根据波音公司的研究，在全世界超过 73% 的飞机事故中，驾驶舱机组人员的操作失误是一项重要的影响因素。

6）对 1888—2000 年瑞典 666 起铁路交通事故的研究表明，事故的原因主要可以归为以下三类：铁路机车（47%），轨道（39%），信息不足（14%）。

7）人为错误直接或间接地导致了 84% ~88% 的油罐车事故。

8）在美国，1980 年、1986 年、1989 年、1992 年、1995 年、1997 年和 2000 年与货车有关的引起死亡的交通事故分别约为 5400 起、5100 起、5000 起、4000 起、4500 起、4900 起、5000 起。

9）2004 年，美国发生在调车场的交通事故（即不包括公路和铁路交叉处的列车事故），约有 53% 是由于人为因素造成的。

10）在 1993—2003 年，美国的大型货车的致命事故率下降了 20%。

11）在 1983—1996 年，全世界发生了 371 起主要的航空事故、29798 起通用航空事故和 1735 起通勤飞机或短程飞机事故。

12）1966 年、1970 年、1975 年、1980 年、1985 年、1990 年和 1991 年英国的公共汽车和长途客车乘客事故死亡人数分别为 76 人、74 人、115 人、29 人、32 人、19 人和 25 人。

13）超过 80% 的海上事故都源于或受到人为因素或组织相关因素的影响。

14）2003 年，在美国因大型货车交通事故造成的 4986 名死者中，14% 为大型货车乘客，78% 为其他车辆乘客，8% 为非乘客。

15）1979 年，一架 DC－10 飞机由于维修人员的维修程序不当，造成了 272 人死亡。

16）1974 年，土耳其航空公司 981 航班（飞机机型：麦克唐纳－道格拉斯 DC－10－10）由于货物舱口和控制面板故障坠毁，造成 346 人死亡。

17）美国宇航局（NASA）进行的一项研究指出，自从喷气式大型客机在 20 世纪 50 年代后期投入使用以来，有超过 70% 的航空事故都涉及某种程度的人为错误。

18）2002 年，美国国家铁路公司的一辆火车由于车辆故障和铁路维护不良，在佛罗里达州新月市附近脱轨，造成4人死亡、142人受伤。

19）1994年，美国航空公司427航班（飞机机型：波音737－387）由于方向舵故障而坠毁，造成132人死亡。

20）2004年，联合太平洋铁路公司的一辆火车由于在信号灯处没有停车，与另一辆火车在德克萨斯州麦多纳市碰撞，造成3人死亡、51人受伤。

21）1991年，联合航空公司585航班（飞机机型：波音737－291）由于方向舵设备故障而坠毁，造成25人死亡。

1.3 术语和定义

在交通运输系统可靠性和安全性领域，有大量的术语和定义。下面列举出其中的一部分：

1）可靠性：在一定的条件和一定的时间内完成既定任务的概率。

2）安全性：根据每项任务的特定要求，保护人类生命，防止物品遭到损坏。

3）交通运输系统：由乘客或货物运动所必需的装置和设备组成的设施。

4）事故：计划外不希望发生的事件。

5）失效：项目无法根据规定的准则实现其功能。

6）人为错误：操作人员未能执行指定的任务（或采取了禁止的动作），该行为可能会导致中断预定的操作，或造成设备和性能的损坏。

7）任务时间：执行一项特定任务所需要的正常运行时间。

8）冗余：完成一项特定功能时，存在一种以上的方法。

9）人为错误后果：人为错误产生的不希望发生的后果。

10）安全管理：通过其他方面（例如人）的作用来保证安全。

11）可靠性模型：一个用于评估、预测、估算可靠性的模型。

12）不安全状态：在相应的条件下，任何能引起事故的状态。

13）不安全行为：对群体或者个人不安全的行为。

14）保障措施：为所要保护的人开发的防护装置、设备或程序。

15）失效模式：使项目（或系统）被认为是失效的，项目（或系统）性能的异常表现。

16）伤害：受伤或其他特定的损害。

17）危害控制：减少风险的手段。

18）人因可靠性：在系统运行中的任何所需的阶段成功完成一个任务的概率。在某些情况下，任务必须在规定的时间内完成。

19）连续任务：一项涉及某种追踪活动的任务（例如监测一个不断变化的环境）。

1.4 交通运输系统可靠性与安全性分析中获取信息的常用来源

目前，有许多直接或间接地包含交通运输系统可靠性和安全性信息的资源，下述分类将给出其中常用的一些资源。

1.4.1 组织机构

1）可靠性协会，电气与电子工程师协会（IEEE），邮政信箱1331，皮斯卡塔韦，新泽西，美国。

2）美国安全工程师学会，东克顿大街1800号，德斯普兰斯，伊利诺伊斯，美国。

3）美国运输研究委员会，宪法大道2101号，西北区，华盛顿，哥伦比亚特区，美国。

4）联邦铁路局，费尔法克斯北4601，阿灵顿，弗吉尼亚，美国。

5）加拿大运输安全委员会，斯帕克大街330号，渥太华，安大略省，加拿大。

6）海洋局运输部，马森大街76号，伦敦，英国。

7）国际民航组织，大学城大街999号，蒙特利尔，魁北克省，加拿大。

8）世界安全组织，邮政信箱1，朗龙兰大厦，巴塞市，马尼拉市，菲律宾。

9）国家安全生产委员会，北密歇根大道444号，芝加哥，伊利诺伊斯，美国。

10）美国海岸警卫队，第二大街西南2100号，西南区，华盛顿，哥伦比亚特区，美国。

11）飞机安全工程部，波音商业飞行集团，波音公司，东马吉诺路南7755号，西雅图，华盛顿州，美国。

12）系统安全协会，卡尔弗道14252，A－261区，尔湾市，加利福尼亚，美国。

13）英国安全委员会，大法官路62号，伦敦，英国。

14）澳大利亚民航安全局，伯恩大道北和巴里道交叉路口，堪培拉，澳大利亚。

15）国家研究委员会，宪法大道2101，西北区，华盛顿，哥伦比亚特区，美国。

16）职业安全与健康管理局，美国劳工部，宪法大道200号，华盛顿，哥伦比亚特区，美国。

1.4.2 数据来源

1）政府工业数据交换程序（GIDEP），GIDEP操作中心，美国海军部，科罗娜，加利福尼亚，美国。

2）可靠性分析中心，罗马航空发展中心（RADC），格里芬空军基地，纽约，美国。

3）国防技术信息中心，DTIC – FDAC，JohnJ. KingmanRoad，0944 区，贝尔沃堡，弗吉尼亚，美国。

4）美国国家航空与航天局（NASA），零件可靠性信息中心，乔治・C・马歇尔航天飞行中心，汉茨维尔，亚拉巴马，美国。

5）美国国家航空与航天局航空安全报告系统，邮政信箱 189，莫菲特场机场，加利福尼亚，美国。

6）美国国家标准化组织（ANSI），11 西 42 街，纽约，美国。

7）国家海军安全事故报告系统，美国海洋管理局，华盛顿哥伦比亚特区，美国。

8）Gertman，D. I. 和 Blackman，H. S.《人类可靠性和安全性分析数据手册》，约翰・威利，纽约，美国，1994 年。

9）Boff，K. R. 和 Lincoln，J. E.《工程数据概要》：人类的感知和行为，1 – 3 卷，1988 年。阿姆斯特朗航空航天医学研究实验室，赖特 – 帕特森空军基地，俄亥俄，美国。

10）空间文件服务，欧洲太空总署，伽利略路，弗拉斯卡蒂 00044 号，意大利。

11）国家技术情报服务处，皇家港路 5282 号，斯普林费尔德，弗吉尼亚，美国。

1.4.3 标准

1）MIL – STD – 785，系统和设备、开发和生产可靠性程序，美国国防部，华盛顿哥伦比亚特区，美国。

2）MIL – STD – 721，可靠性和维护性术语定义，美国国防部，华盛顿哥伦比亚特区，美国。

3）SAEARD50010，推荐的可靠性、维修性和保障性（RMS）条款和参数，美国汽车工程师协会（SAE），沃伦代尔，宾夕法尼亚，美国。

4）MIL – STD – 1908，人因术语定义，美国国防部，华盛顿哥伦比亚特区，美国。

5）MIL – HDBK – 217，电子设备可靠性预测，美国国防部，华盛顿哥伦比亚特区，美国。

6）MIL – STD – 58077，飞机系统安全工程，关联子系统和设备：一般要求，国防部，华盛顿哥伦比亚特区，美国。

7）MIL – STD – 882，系统和相关子系统和设备要求的系统程序，美国国防部，华盛顿哥伦比亚特区，美国。

8）DER－STD－00－55－1，国防装备安全相关软件的要求，美国国防部，华盛顿哥伦比亚特区，美国。

9）IEC60950，信息技术设备安全，国际电工委员会，日内瓦，瑞士，1999。

10）MIL－STD－1629，执行故障模式、影响和关键性分析的程序，美国国防部，华盛顿哥伦比亚特区，美国。

11）IEC61508SET，电气（或电子、可编程电子）安全相关系统的功能安全，1－7部，国际电工委员会，日内瓦，瑞士，2000。

12）MIL－STD－756，可靠性建模与预测，美国国防部，华盛顿哥伦比亚特区，美国。

13）MIL－STD－2155，故障报告、分析和纠正措施（FRACAS），美国国防部，华盛顿哥伦比亚特区，美国。

1.4.4 相关期刊

1）IEEE Transactions on Reliability

2）International Journal of Reliability，Quality，and Safety Engineering

3）Microelectronics and Reliability

4）Reliability Engineering and System Safety

5）Journal of Safety Research

6）Safety Management Journal

7）Accident Analysis and Prevention

8）National Safety News

9）Naval Engineers Journal

10）Marine and Maritime

11）Transportation Research Record

12）Railway Age

13）Professional Engineering

14）Safety Science

15）Journal of Marine Science and Technology

16）Engineering Failure Analysis

17）Public Roads

18）Marine Technology

19）SAE（Society of Automotive Engineers）Transactions

20）Transportation Quarterly

21）International Journal of Heavy Vehicle Systems

22）Ergonomics

1.4.5 会议论文集

1）可靠性和可维护性年度研讨会。
2）系统安全会议。
3）ISSAT 国际会议—设计的可靠性和质量。
4）概率安全、评估和管理国际会议。
5）欧洲安全性和可靠性会议。
6）国际铁路运输系统会议。
7）《人为因素和人类工程学学会学报》年度会议。
8）计算机辅助设计、制造、铁路和其他交通运输系统的运行国际会议。
9）国际航空安全研讨会。
10）自动机器人国际会议。

1.4.6 相关参考书

[1] Cox, S. J., Reliability, Safety, and Risk Management: An Integrated Approach, Butterworth - Heinemann, New York, 1991.
[2] Ballard, C., Safety, Blackbirch Press, San Diego, California, 2003.
[3] Shooman, M. L., Probabilistic Reliability: An Engineering Approach, McGraw - Hill, New York, 1968.
[4] Dhillon, B. S., Design Reliability: Fundamentals and Applications, CRC Press, Boca Raton, Florida, 1999.
[5] Guy, G. B., editor, Reliability on the Move: Safety and Reliability in Transportation, Elsevier Applied Science, London, 1989.
[6] Horodniceanu, M., and Cantilli, E. J., Transportation System Safety, D. C. Heath and Company, Lexington, Massachusetts, 1979.
[7] Anderson, J. E., Transit Systems Theory, D. C. Heath and Company, Lexington, Massachusetts, 1978.
[8] Dhillon, B. S., Human Reliability and Error in Transportation Systems, Springer, London, 2007.
[9] Hall, S., Railway Accidents, Ian Allan Publishing, Shepperton, U. K., 1997.
[10] Weels, A. T., and Rodgrigues, C. C., Commercial Aviation Safety, McGraw Hill Book Company, New York, 2004.
[11] Dhillon, B. S., Reliability, Quality, and Safety for Engineers, CRC Press, Boca Raton, Florida, 2005.
[12] Handley, W., Industrial Safety Handbook, McGraw Hill Book Company, New York, 1969.
[13] Dhillon, B. S., and Singh, C., Engineering Reliability: New Techniques and Applications, John Wiley and Sons, 1981.（这本书中的一章介绍了运输系统可靠性。）
[14] Goetsch, D. L., Occupational Safety and Health, Prentice - Hall, Englewood Cliffs, New Jersey, 1996.

[15] Dhillon, B. S., Engineering Safety: Fundamentals, Techniques, and Applications, World Scientific Publishing, River Edge, New Jersey, 1996.

[16] Wiener, E., and Nagel, D., eds., Human Factors in Aviation, Academic Press, San Diego, California, 1988.

1.5 本书范围

全世界每年都会花费巨资来开发、制造、运行和维护飞机、火车、机动车、船舶等交通运输系统。在日常的运行过程中，每年也都会有成千上万的人直接或间接地因交通运输系统不良的可靠性和安全性而受到伤害，并给全球经济造成了数十亿美元的损失。多年来，大量有关交通运输系统可靠性和安全性的期刊、会议论文集、科技报告等文献出版。然而，据作者广泛了解，迄今还没有一本涵盖该领域最新发展成果的专著出版。这对于研究该课题的信息搜集者来说是一大障碍，因为他们不得不去查阅各种各样的资源。

因此，这本书的主要目标就是，帮助研究交通运输系统可靠性和安全性的专家学者获得相关资料，并提供该方向最新的信息以节省查询大量资料的时间。对一些特定职业的人来说，这本书会很有用，例如从事交通运输业的可靠性和安全性专家、交通运输系统管理人员、交通运输工程的研究生和本科生、交通运输领域的研究者和教师及全体工程师等。

习　题

1. 定义以下的术语：
   a. 交通运输系统
   b. 安全性
   c. 可靠性
2. 写一篇关于交通运输系统可靠性和安全性的小论文。
3. 列出至少五个可以获取交通运输系统可靠性和安全性的资料来源。
4. 列出六个关于交通运输系统可靠性和安全性的事例和数据。
5. 不安全行为和不安全状况有什么不同?
6. 列出六个可以获取交通运输系统可靠性和安全性资料的重要期刊。
7. 定义以下三个术语：
   a. 事故
   b. 失效
   c. 任务时间
8. 列出至少四本可以获取交通运输系统可靠性和安全性资料的重要书籍。

9. 人因可靠性和人为误差有什么不同？

10. 列出七个可以获取交通运输系统可靠性和安全性有关资料的重要组织。

参考文献

[1] IATA. 2006. Fast facts: The air transport industry in Europe has united to present its key facts and figures. International Air Transport Association (IATA), Montreal, Canada. www.iata.org/pressroom/economics-facts/stats/2003-04-10-01.htm accessed date April 2009.

[2] ATAG. Facts and figures. Air Transport Action Group, Geneva, Switzerland. www.atag.org/content/showfacts.asp accessed date July 2009.

[3] Dhillon, B. S. 2007. *Human reliability and error in transportation systems*. London: Springer.

[4] USDOT. 1999. Human-centered systems: The next challenge in transportation. Report No. 99-4. United States Department of Transportation, Washington, D.C.

[5] Hall, J. 1998. Keynote address. The Tracking Associations Foundation Conference on Highway Accidents Litigation. National Transportation Safety Board, Washington, D.C.

[6] Murray, C. J. L., and A. D. Lopez. 1996. The global burden of disease in 1990: Final results and their sensitivity to alternative epidemiological perspectives, discount rates, age-weights, disability weights. In *The global burden of disease*, ed. C. J. L. Murray and A. D. Lopez, 15–24. Cambridge, Mass.: Harvard University Press.

[7] Freund, P. E. S., and G. T. Martin. 1997. Speaking about accidents: The ideology of auto safety. *Health* 1 (2): 167–182.

[8] Odero, W. 2004. Road traffic injury research in Africa: Context and priorities. Presented at the Global Forum for Health Research Conference (Forum 8), November 2004. School of Public Health, Moi University, Eldoret, Kenya.

[9] Cox, J. 1996. Tips on truck transportation. *American Papermaker* 59 (3): 50–53.

[10] PlaneCrashInfo.com. 2009. Causes of fatal aviation accidents by decade. www.planecrashinfo.com/cause.htm.

[11] Boeing Commercial Airline Group. 1996. Statistical summary of commercial jet accidents: Worldwide operations, 1959–1996. Report No. 1-96. Boeing, Seattle, Wash.

[12] Majos, K. 2001. Communication and operational failures in the cockpit. *Human Factors and Aerospace Safety* 1 (4): 323–340.

[13] Holmgren, M. 2005. Maintenance-related losses at the Swedish Rail. *Journal of Quality in Maintenance Engineering* 11 (1): 5–18.

[14] TSB. 1994. Working paper on tankers involved in shipping accidents, 1975–1992. Transportation Safety Board of Canada, Ottawa.

[15] Rothblum, A. M. 2000. Human error and marine safety. In *Proceedings of the Maritime Human Factors Conference*, 1–10. College Park, Maryland.

[16] TRB. 2007. The domain of truck and bus safety research. Transportation Research Circular No. E-C117. Transportation Research Board, Washington, D.C.

[17] Reinach, S., and A. Viale. 2006. Application of a human error framework to conduct train accident/incident investigations. *Accident Analysis and Prevention* 38:396–406.

[18] *Science Daily*. 2001. Fewer airline crashes linked to "pilot error"; Inclement weather still major factor. January 9.

[19] White, P., and N. Dennis. 1995. Analysis of recent trends in bus and coach safety in Britain. *Safety Science* 19:99–107.

[20] Hee, D. D., B. D. Pickrell, R. G. Bea, K. H. Roberts, and R. B. Williamson. 1999. Safety Management Assessment System (SMAS): A process for identifying and evaluating human and organization factors in marine operations with field test results. *Reliability Engineering and System Safety* 65:125–140.

[21] Moore, W. H., and R. G. Bea. 1993. Management of human error in operations of marine systems. Report No. HOE-93-01. Department of Naval Architecture and Offshore Engineering, University of California, Berkeley.

[22] FMCSA. 2005. Large truck crash facts 2003. Report No. FMCSA-RI-04-033. Federal Motor Carrier Safety Administration, Washington, D.C.

[23] Christensen, J. M., and J. M. Howard. 1981. Field experience in maintenance. In *Human detection and diagnosis of system failures*, ed. J. Rasmussen and W. B. Rouse, 111–133. New York: Plenum Press.

[24] Johnston, M. 1976. *The last nine minutes: The story of Flight 981*. New York: Morrow.

[25] Helmreich, R. L. 1997. Managing human in aviation. *Scientific American*, May, 62–67.

[26] NTSB. 2003. Report No. RAR-03/02. National Transportation Safety Board, Washington, D.C.

[27] Byrne, G. 2002. Flight 427: *Anatomy of an air disaster*. New York: Springer-Verlag.

[28] NTSB. 2004. Report No. 04. National Transportation Safety Board, Washington, D.C.

[29] NTSB. 1992. Aircraft accident report: United Airlines Flight 585. Report No. AAR92-06. National Transportation Safety Board, Washington, D.C. http://libraryonline.erau.edu/online-full-text/ntsb/aircraft-accident-reports/AAR92-06.pdf.

[30] DoD. Definitions of Effectiveness Terms for Reliability, Maintainability, Human Factors, and Safety. MIL-STD-721. Department of Defense, Washington, D.C.

[31] Neresky, J. J. 1970. Reliability definitions. *IEEE Transactions on Reliability* 19:198–200.

[32] ASSE. 1988. *Dictionary of terms used in the safety profession*. 3rd ed. Des Plaines, Ill.: American Society of Safety Engineers.

[33] Omdahl, T. P., ed. 1988. *Reliability, availability, and maintainability (RAM) dictionary*. Milwaukee, Wis.: ASQC Quality Press.

[34] Dhillon, B. S. 1986. *Human reliability: With human factors*. New York: Pergamon Press.

第2章 可靠性与安全性算法

2.1 简介

正如所有自然科学和工程领域的发展一样，数学在交通运输系统可靠性和安全性领域的发展过程中也起到了至关重要的作用。

概率的历史可以追溯到赌徒吉罗拉莫·卡尔达诺手写的一些有趣的概率问题。然而，皮埃尔·费马（1601—1665）和布莱斯·帕斯卡（1623—1662）两个人率先正确地解决了在比赛中奖金分配的概率问题，并且皮埃尔·费马还介绍了“分化”的思想。

拉普拉斯变换，通常是用来求一组微分方程的解，由皮埃尔－西蒙·拉普拉斯（1749－1827）发现。其他的一些关于数学运算的历史信息，包括概率问题的历史，都可以在相关文献中找到。本章提出了许多数学概念，这些概念对于后续章节的理解有很大帮助。

2.2 算术平均值、平均偏差和标准偏差

一组给定的交通运输可靠性或安全性的数据，只有在正确有效地分析下才会变得可用。更具体地说，数据的一些特征对描述给定数据集的性质是非常有效的，从而可使利用数据的决策制订得更好。本节提出了在交通运输系统可靠性和安全性领域的分析中公认的三个有效的统计措施。

2.2.1 算术平均值

通常，算术平均值被简称为均值，其表达式为：

$$m = \frac{\sum_{j=1}^{n} DV_j}{n} \tag{2-1}$$

式中，m 是平均值；n 是数据的个数；DV_j是 j 的值，$j=1$，2，3，…，n。

例 2.1

假定一个组织的检验部门参与检查某一地区 10 个相同的交通工具制造使用系统，发现每个系统分别存在 5、4、6、7、9、10、3、2、8、1 个缺陷，计算每个系

统的平均缺陷数（即算术平均值）。

把指定的代数值代入方程（2-1），我们得到：

$$m=\frac{5+4+6+7+9+10+3+2+8+1}{10}=5.5$$

因此，平均每个系统的缺陷数是5.5。换句话说，给定数据集的算术平均值是5.5。

2.2.2 平均偏差

这是一个常用的离差的量度，它表明给定数据偏离平均值的程度，平均偏差的表达式如下：

$$MD=\frac{\sum_{j=1}^{n}|DV_j-m|}{n} \tag{2-2}$$

式中，MD 是平均偏差；n 是数据的个数；DV_j是 j 的值，$j=1, 2, 3, \cdots, n$；M 是给定数据集的平均值；$|DV_j-m|$是 DV_j和 m 的偏差的绝对值。

例 2.2

计算例2.1中所给数据集的平均偏差，把例2.1中给出的数据集和计算得出的平均值（即 $m=5.5$ 缺陷/系统）代入方程（2-2）中，我们可以得到：

$$\begin{aligned}MD&=\frac{\begin{matrix}[|5-5.5|+|4-5.5|+|6-5.5|+|7-5.5|+\\|9-5.5|+|10-5.5|+|3-5.5|+|2-5.5|+|8-5.5|+|1-5.5|]\end{matrix}}{10}\\&=\frac{0.5+1.5+0.5+1.5+3.5+4.5+2.5+3.5+2.5+4.5}{10}\\&=2.5\end{aligned}$$

因此，例2.1中数据集的平均偏差是2.5。

2.2.3 标准偏差

标准偏差广泛应用在分析给定数据集中数据的离散程度，它的表达式如下：

$$\sigma=\left[\frac{\sum_{j=1}^{n}(DV_j-\mu)^2}{n}\right]^{1/2} \tag{2-3}$$

式中，σ 是标准偏差；μ 是平均值；n 是数据的个数；DV_j是 j 的值，$j=1, 2, 3, \cdots, n$。

以下是三个与标准偏差相关的属性，它们广泛地应用于在后续章节讨论的正态分布中：

全部数据的99.73%包含在$\mu-3\sigma$ 和$\mu+3\sigma$ 之间；

全部数据的95.45%包含在$\mu-2\sigma$ 和$\mu+2\sigma$ 之间；

全部数据的 68.27% 包含在 $\mu-\sigma$ 和 $\mu+\sigma$ 之间。

例 2.3

计算例 2.1 中所给数据集的标准偏差，把例 2.1 中的数据集和已经算出的平均值（即 $m=\mu=5.5$）代入方程（2-3）可以得到：

$$\alpha=\left[\frac{(5-5.5)^2+(4-5.5)^2+(6-5.5)^2+(7-5.5)^2+(9-5.5)^2+(10-5.5)^2+(3-5.5)^2+(2-5.5)^2+(8-5.5)^2+(1-5.5)^2}{10}\right]^{1/2}$$

$$=\frac{0.25+2.25+0.25+2.25+12.25+20.25+6.25+12.25+6.25+20.25}{10}$$

$$=2.87$$

因此，例 2.1 中数据集的标准偏差是 2.87。

2.3 布尔代数

布尔代数在不同类型交通运输系统的研究中都起着重要的作用，它是以数学家乔治·布尔（1813－1864）的名字来命名的。布尔代数的一些法则如下：

➢ 交换律：

$$X+Y=Y+X \tag{2-4}$$

式中，X 是一个任意的集合或事件；Y 是一个任意的集合或事件；+ 表示集的结合。

$$X.Y=Y.X \tag{2-5}$$

式中，点号（·）表示集的交叉。请注意，有时候方程（2-5）在书写时是没有点的（例如写成 XY），但是它仍然表达了同样的意思。

➢ 结合律：

$$(XY)Z=X(YZ) \tag{2-6}$$

式中，Z 是一个任意的集合或事件。

$$(X+Y)+Z=X+(Y+Z) \tag{2-7}$$

➢ 幂等定律：

$$X+X=X \tag{2-8}$$

$$XX=X \tag{2-9}$$

➢ 吸附定律：

$$X(X+Y)=X \tag{2-10}$$

$$X+(XY)=X \tag{2-11}$$

➢ 分配律：

$$(X+Y)(X+Z)=X+YZ \tag{2-12}$$

$$X(Y+Z)=XY+XZ \tag{2-13}$$

2.4 概率的定义与性质

概率的定义如下：

$$P(Y) = \lim_{m \to \infty}\left(\frac{M}{m}\right) \tag{2-14}$$

式中，$P(Y)$ 是 Y 事件发生的概率；M 是在 m 次重复实验中事件 Y 发生的次数。

一些概率的属性如下：

➢ 事件 X 发生的概率为：

$$0 \leqslant P(X) \leqslant 1 \tag{2-15}$$

➢ 样本空间 S 的概率是：

$$P(S) = 1 \tag{2-16}$$

➢ 样本空间 S 的否定概率是：

$$P(\overline{S}) = 0 \tag{2-17}$$

式中，$\overline{S}$ 是样本空间 S 的否定域。

➢ 事件 X 发生和不发生的概率之和总是等于 1，即：

$$P(X) + P(\overline{X}) = 1 \tag{2-18}$$

式中，$P(X)$ 是事件 X 发生的概率；$P(\overline{X})$ 是事件 X 不发生的概率。

➢ 独立事件 k 的联合概率为：

$$P(X_1 + X_2 + \cdots + X_k) = 1 - \prod_{i=1}^{k}(1 - P(X_i)) \tag{2-19}$$

式中，$P(X_i)$ 是事件 X_i 发生的概率，$i = 1, 2, 3, \cdots, k$。

➢ k 的互斥事件发生的联合概率是：

$$P(X_1 + X_2 + \cdots X_k) = \sum_{i=1}^{k} P(X_i) \tag{2-20}$$

➢ 独立事件 k 的交叉概率为：

$$P(X_1X_2X_3\cdots X_k) = P(X_1)P(X_2)P(X_3)\cdots P(X_k) \tag{2-21}$$

2.5 常用定义

本节提供了大量在不同类型交通运输系统可靠性和安全性的研究中常用的数学定义。

2.5.1 累积分布函数

连续随机变量可进行如下定义：

$$F(t) = \int_{-\infty}^{t} f(x)\,\mathrm{d}x \tag{2-22}$$

式中，t 是时间；$F(t)$ 是累积分布函数；$f(t)$ 是概率密度函数。

当 $t=\infty$ 时，方程（2-22）转化为：

$$F(t) = \int_{-\infty}^{+\infty} f(x)\,\mathrm{d}x = 1 \tag{2-23}$$

它意味着概率密度曲线下的总面积等于 1。

2.5.2　概率密度函数

根据相关文献中的定义，其表达式如下：

$$f(t) = \frac{\mathrm{d}F(t)}{\mathrm{d}t} \tag{2-24}$$

2.5.3　期望值

期望值 $E(t)$ 的连续随机变量的定义为：

$$E(t) = m = \int_{-\infty}^{+\infty} tf(t)\,\mathrm{d}t \tag{2-25}$$

式中，$E(t)$ 是连续随机变量 t 的数学期望；m 是平均值。

同样的，离散型随机变量 t 的数学期望定义如下：

$$E(t) = \sum_{i=1}^{n} t_i f(t_i) \tag{2-26}$$

式中，n 是离散型随机变量 t 的个数。

2.5.4　方差

随机变量 t 的方差 $\sigma^2(t)$ 可定义为：

$$\sigma^2(t) = E(t^2) - [E(t)]^2 \tag{2-27}$$

或者

$$\sigma^2(t) = \int_0^{\infty} t^2 f(t)\,\mathrm{d}t - m^2 \tag{2-28}$$

式中，m 是平均值。

2.5.5　拉普拉斯变换：定义

拉普拉斯变换函数 $f(t)$ 的定义如下：

$$f(s) = \int_0^{\infty} f(t)\mathrm{e}^{-st}\,\mathrm{d}t \tag{2-29}$$

式中，s 是拉普拉斯变换的变量；t 是时间变量；$f(s)$ 是 $f(t)$ 的拉普拉斯变换。

例 2.4

求下列函数的拉普拉斯变换式：

$$f(t)=\mathrm{e}^{-\lambda t} \tag{2-30}$$

式中，λ 是一个常数。

把方程（2-30）代入方程（2-29），我们得到：

$$\begin{aligned} f(s) &= \int_0^\infty \mathrm{e}^{-\lambda t}\mathrm{e}^{-st}\mathrm{d}t \\ &= \int_0^\infty \mathrm{e}^{-(s+t)\lambda}\mathrm{d}t \\ &= \frac{1}{s+\lambda} \end{aligned} \tag{2-31}$$

一些在交通运输系统可靠性和安全性分析中经常用到的函数的拉普拉斯变换列在了表 2-1 中。

表 2-1 在交通运输系统可靠性和安全性分析中经常用到的一些函数的拉普拉斯变换

$f(t)$	$f(s)$
C, a constant	$\frac{c}{s}$
$\mathrm{e}^{-\lambda t}$	$\frac{1}{s+\lambda}$
$\frac{\mathrm{d}f(t)}{\mathrm{d}t}$	$sf(s)-f(0)$
t^m，$m=0$，1，2，3，…	$\frac{m!}{s^{m+1}}$
$\theta_1 f_1(t)+\theta_2 f_2(t)$	$\theta_1 f_1(s)+\theta_2 f_2(s)$
$te^{-\lambda t}$	$\frac{1}{(s+\lambda)^2}$
$tf(t)$	$-\frac{\mathrm{d}f(s)}{\mathrm{d}s}$

2.5.6 拉普拉斯变换：终值定理

如果下面的约束条件存在，那么终值定理可以表示为：

$$\lim_{t\to\infty} f(t) = \lim_{s\to\infty}[sf(s)] \tag{2-32}$$

例 2.5

用下面的方程来证明式（2-32）中方程的左边等于右边

$$f(t)=\frac{\theta}{(\alpha+\theta)}+\frac{\alpha}{(\alpha+\theta)}\mathrm{e}^{-(\alpha+\theta)t} \tag{2-33}$$

式中，α 和 θ 都是常数。

通过把方程（2-33）带入到方程（2-22）的左边，我们即可证明。

$$\lim_{t\to\infty}\left[\frac{\theta}{(\alpha+\theta)}+\frac{\alpha}{(\alpha+\theta)}\mathrm{e}^{-(\alpha+\theta)t}\right]=\frac{\theta}{(\alpha+\theta)} \tag{2-34}$$

通过表 2-1 和方程（2-33），我们得到：

$$f(s)=\frac{\theta}{s(\alpha+\theta)}+\frac{\alpha}{(\alpha+\theta)}\cdot\frac{1}{(s+\alpha+\theta)} \tag{2-35}$$

把方程（2-35）带入到方程（2-32）的右边，我们得到：

$$\lim_{s\to 0}\left[\frac{s\theta}{s(\alpha+\theta)}+\frac{s\alpha}{(\alpha+\theta)}\cdot\frac{1}{(s+\alpha+\theta)}\right]=\frac{\theta}{(\alpha+\theta)} \tag{2-36}$$

方程（2-34）的右边和方程（2-36）的右边是相同的。因此也证明了方程（2-32）的左边等于它的右边。

2.6 概率分布

本节介绍了大量在交通运输系统可靠性和安全性领域研究中常用的，不同类型的概率分布形式。

2.6.1 二项式分布

这种离散型随机变量分布通常用在只有两种结果的实验中，例如在 M 次实验中某一结果（例如失败）发生的概率。更具体地说，每次实验有两种可能结果（成功或者失败），但每次实验中这两种结果出现的概率仍然保持不变，或为一个常量。

这种分布也被称作是伯努利［雅克布·伯努利（1654—1705）］分布。二项式概率密度函数 $f(x)$ 可以表示为：

$$f(x)=\binom{m}{i}p^{x}q^{m-x},\ x=0,1,2,\cdots,m \tag{2-37}$$

式中，$\binom{m}{i}=\frac{m!}{i(m-i)!}$；

x 是在 m 次独立重复实验中事件不发生（即失败）的次数；p 是在一次独立重复实验中事件发生（即成功）的概率；q 是在一次独立重复实验中事件不发生（即失败）的概率。

它的累积分布函数可以用下式表示：

$$F(x)=\sum_{i=0}^{x}\binom{m}{i}p^{i}q^{m-i} \tag{2-38}$$

式中，$F(x)$ 是累积分布函数在 m 次独立重复实验中事件不发生（即失败）的次数。

运用方程（2-26）和方程（2-37）我们可以得到二项分布的数学期望或均值为：

$$E(x)=mp \tag{2-39}$$

2.6.2 指数分布

指数分布是连续型随机变量的一种分布，它广泛应用于工业领域，尤其是在可靠性的研究中。指数分布的概率密度函数为：

$$f(t)=\lambda e^{-\lambda t}, t\geqslant 0, \lambda>0 \tag{2-40}$$

式中，$f(t)$是概率密度函数；t 是时间；λ 是分布参数。

把方程（2-40）代入到方程（2-22）中，可以得到以下累积分布函数的表达式：

$$F(t)=1-e^{-\lambda t} \tag{2-41}$$

通过方程（2-40）和方程（2-25），可以得到指数分布的均值的表达式为：

$$E(t)=m=\frac{1}{\lambda} \tag{2-42}$$

式中，m 是均值。

2.6.3 瑞利分布

这个连续随机变量是以他的发现者约翰·瑞利来命名的。它的概率分布密度函数是：

$$f(t)=\left(\frac{2}{\theta^2}\right)te^{-\left(\frac{t}{\theta}\right)^2}, t\geqslant 0, \theta>0 \tag{2-43}$$

式中，θ 是分布参数。

把方程（2-43）代入到方程（2-22）中，可以得到下面的累积分布函数：

$$F(t)=1-e^{-\left(\frac{t}{\theta}\right)^2} \tag{2-44}$$

通过方程（2-43）和方程（2-25），可以得到瑞利分布的均值的表达式为：

$$E(t)=m=\theta\Gamma\left(\frac{3}{2}\right) \tag{2-45}$$

式中，$\Gamma(.)$是伽马函数，该函数的定义为：

$$\Gamma(y)=\int_0^{\infty}t^{y-1}e^{-t}dt,\ y>0 \tag{2-46}$$

2.6.4 韦伯分布

这个连续随机变量是以瑞典机械工程教授韦伯的名字来命名的，他在 20 世纪 20 年代初发现了这一分布。韦伯分布可以用来表示许多不同的物理现象，其概率密度函数的定义为：

$$f(t)=\frac{bt^{b-1}}{\beta^b}e^{-\left(\frac{t}{\beta}\right)^b},\ t\geqslant 0,\ \beta>0,\ b>0 \tag{2-47}$$

式中，β 和 b 分别是分布规模和形状参数。

把方程（2-47）代入到方程（2-22）中，我们得到下面的累积分布函数：

$$F(t) = 1 - e^{-\left(\frac{t}{\beta}\right)^b} \tag{2-48}$$

要特别指出的是，指数分布和瑞利分布分别是韦伯分布下 $b = 1$ 和 $b = 2$ 的特例。通过方程(2-47)和方程(2-25)，可以得到韦伯分布的均值的表达式如下：

$$E(t) = m = \beta\Gamma\left(1 + \frac{1}{b}\right) \tag{2-49}$$

2.6.5　正态分布

正态分布是一个广泛使用的连续随机变量分布，因为德国数学家弗里德里希·高斯（1777—1855）最先提出了它，因此也把它称为高斯分布。它的概率密度分布的函数表达式为：

$$f(t) = \frac{1}{\sigma\sqrt{2\pi}}\exp\left[-\frac{(t-\mu)^2}{2\sigma^2}\right], -\infty < t < +\infty \tag{2-50}$$

式中，μ、σ 是分布参数（分别是平均值和标准偏差）。

通过式（2-22）和式（2-50），可以得到正态分布的累积分布函数为：

$$F(t) = \frac{1}{\sigma\sqrt{2\pi}}\int_{-\infty}^{t}\exp\left[-\frac{(t-\mu)^2}{2\sigma^2}\right]dx \tag{2-51}$$

把方程（2-50）代入到方程（2-25）中，可以得到正态分布的均值的表达式为：

$$E(t) = m = \frac{1}{\sigma\sqrt{2\pi}}\int_{-\infty}^{+\infty}t\exp\left[-\frac{(t-\mu)^2}{2\sigma^2}\right]dt = \mu \tag{2-52}$$

2.6.6　一般分布

这个概率分布可以用来表示在第 3 章中出现的整个标准失效风险率曲线（浴缸曲线），它的概率密度分布的函数表达式为：

$$f(t) = [c\lambda\theta t^{\theta-1} + (1-c)bt^{b-1}\alpha e^{\alpha t^b}][\exp[-c\lambda t^{\theta-1} - (1-c)(e^{\alpha t^b} - 1)]] \tag{2-53}$$

式中，$0 \leqslant c \leqslant 1$，且 λ，θ，b，$\alpha > 0$；t 是时间；λ 和 α 为分布规模参数；b 和 θ 为分布形状参数。

把方程（2-53）代入到方程（2-22）中，可以得到下面的累积分布函数：

$$F(t) = 1 - \exp[-c\lambda t^{\theta-1} - (1-c)(e^{\alpha t^b} - 1)] \tag{2-54}$$

下面的概率分布是这个分布的一些特殊情况：

- 当 $c = 1$ 时，为韦伯分布；
- 当 $\theta = 1$，$b = 1$ 时，为 Makeham 分布；
- 当 $c = 0$，$b = 1$ 时，为极值分布；

➢ 当 $b=1$，$\theta=0.5$ 时，为标准的失效风险率曲线（浴缸曲线）；
➢ 当 $c=1$，$\theta=2$ 时，为瑞利分布；
➢ 当 $c=1$，$\theta=1$ 时，为指数分布。

2.7 用拉普拉斯变换式求解一阶微分方程

通常，我们用拉普拉斯变换解决一阶线性微分方程，特别是一组一阶线性微分方程的问题。下面的例子演示了用一组微分方程来描述一个交通运输系统的过程。

例 2.6

假设一个交通运输系统有三种状态：运行正常、运行失败但是安全、运行失败并且不安全。以下三个微分方程分别依次描述了运输系统的上述三种状态：

$$\frac{dP_0(t)}{dt}+(\lambda_s+\lambda_{us})P_0(t)=0 \tag{2-55}$$

$$\frac{dP_1(t)}{dt}-\lambda_{us}P_0(t)=0 \tag{2-56}$$

$$\frac{dP_2(t)}{dt}-\lambda_s P_0(t)=0 \tag{2-57}$$

式中，$P_j(t)$是交通运输系统在 t 时刻的状态 j，$j=0$（正常运行），$j=1$（运行失败但是安全），$j=2$（运行失败但是不安全）；λ_s 是运输系统持续保持安全的失败率；λ_{us}是运输系统常数不安全的失败率。

当时间 $t=0$ 时，$P_0(0)=1$，$P_1(0)=0$，$P_2(0)=0$。

利用拉普拉斯变换解方程（2-55）~方程（2-57）。

利用表 2-1，指定的初始条件和方程（2-55）~方程（2-57），得到：

$$sP_0(s)+(\lambda_s+\lambda_{us})P_0(s)=1 \tag{2-58}$$

$$sP_1(s)-\lambda_{us}P_0(s)=0 \tag{2-59}$$

$$sP_2(s)-\lambda_s P_0(s)=0 \tag{2-60}$$

解方程（2-58）~方程(2.60)，得到：

$$P_0(s)=\frac{1}{(s+\lambda_s+\lambda_{us})} \tag{2-61}$$

$$P_1(s)=\frac{\lambda_{us}}{s(s+\lambda_s+\lambda_{us})} \tag{2-62}$$

$$P_2(s)=\frac{\lambda_s}{s(s+\lambda_s+\lambda_{us})} \tag{2-63}$$

对方程（2-61）~方程(2-63）进行拉普拉斯逆变换，得到：

$$P_0(t)=e^{-(\lambda_s+\lambda_{us})t} \tag{2-64}$$

$$P_1(t)=\frac{\lambda_{us}}{(\lambda_s+\lambda_{us})}[1-e^{-(\lambda_s+\lambda_{us})t}] \tag{2-65}$$

$$P_2(t)=\frac{\lambda_s}{(\lambda_s+\lambda_{us})}[1-e^{-(\lambda_s+\lambda_{us})t}] \tag{2-66}$$

因此，方程（2-64）~方程（2-66）是方程（2-55）~方程（2-57）的解。

习　题

1. 写一篇关于数学领域历史发展的文章。

2. 一个交通运输设备制造公司的检查部门检查 8 个相同的系统，在各系统中分别发现了 15、2、5、8、9、3、4、6 个缺陷，计算平均每个系统的缺陷数（即算术平均值）。

3. 写出以下两个定义：

a. 平均偏差

b. 标准偏差

4. 描述以下三个方面：

a. 联想法则

b. 幂等法则

c. 吸收法则

5. 写出概率的 6 个属性。

6. 写出下面 3 项的定义：

a. 累积分布函数

b. 期望值

c. 拉普拉斯变换

7. 韦伯分布有哪几种特殊的情况？

8. 证明方程（2-64）~方程（2-66）与前面的方程（2-55）~方程（2-57）是相等的。

9. 证明书中所给出的瑞利分布的均值表达式（2-45）。

10. 一般分布的一些特殊情况分别是什么类型的概率分布？给出一般分布的概率密度函数的定义。

参考文献

[1] Eves, H. 1976. *An introduction to the history of mathematics*. New York: Holt, Rinehart, and Winston.
[2] Owen, D. B., ed. 1976. *On the history of statistics and probability*. New York: Marcel Dekker.
[3] Lipschutz, S. 1964. *Set theory*. New York: McGraw-Hill.
[4] NRC. 1981. Fault tree handbook. Report No. NUREG-0492. U.S. Nuclear Regulatory Commission, Washington, D.C.
[5] Mann, N. R., R. E. Schefer, and N. D. Singpurwalla. 1974. *Methods for statistical analysis of reliability and life data*. New York: John Wiley and Sons.
[6] Lipschutz, S. 1965. *Probability*. New York: McGraw-Hill.
[7] Shooman, M. L. 1968. *Probabilistic reliability: An engineering approach*. New York: McGraw-Hill.
[8] Oberhettinger, F., and L. Badic. 1973. *Tables of Laplace transforms*. New York: Springer-Verlag.
[9] Spiegel, M. R. 1965. *Laplace transforms*. New York: McGraw-Hill.
[10] Patel, J. K., C. H. Kapadia, and D. B. Owen. 1976. *Handbook of statistical distributions*. New York: Marcel Dekker.
[11] Davis, D. J. 1952. An analysis of some failure data. *J. Amer. Stat. Assoc*. June: 113–150.
[12] Weibull, W. 1951. A statistical distribution function of wide applicability. *J. Appl. Mech*. 18: 293–297.
[13] Dhillon, B. S. 1979. A hazard rate model. *IEEE Transactions on Reliability* 29: 150.
[14] Dhillon, B. S. 1999. *Design reliability: Fundamentals and applications*. Boca Raton, Fla.: CRC Press.

第 3 章 可靠性与安全性基础知识

3.1 简介

可靠性领域的研究历史可以追溯到 20 世纪 30 年代初，在当时概率的思想被应用于电力工业的相关问题上。直到第二次世界大战期间，这种思想才真正开始被普遍认可，当时德国科学家用概率的基本可靠性思想来提高他们的 V1 和 V2 火箭的可靠性。如今，可靠性领域研究已经成为一个成熟的学科，并且发展应用到许多专业领域，包括机械可靠性、电力系统可靠性、软件可靠性和人的可靠性与错误等。关于可靠性领域发展历史的更多信息可以在相关文献中找到。

安全领域的研究历史可以追溯到 1868 年，在当时的美国，授予了一个关于屏障保护的专利，到了 1893 年，美国国会通过了《铁路安全条例》。如今，安全领域的研究已经发展为多个专业领域，如系统安全、工作场所安全、病人安全等。在 Dillon 的文章中有关于安全领域发展历史的更为详细的信息。

本章将为读者介绍各种可靠性和安全性的基础知识，这将有助于理解本书的后续章节，同样也有助于加深读者对交通运输行业的认识。

3.2 浴缸故障率曲线

浴缸故障率曲线（见图 3-1）通常用来描述工程项目的故障率。如图 3-1 所示，曲线分为三个区域：早期故障率阶段、有效工作阶段、损耗阶段。在早期故障率阶段，项目风险率随着时间 t 的增加而降低，在此期间低劣的制造方法、质量控制的不足、不合格的材料和工艺、工艺过程中的检测不足和人为错误是发生故障的主要原因。

在有效工作阶段，具有相对恒定的故障率的特点。在这个阶段，故障发生的主要原因有较低的安全系数、高于预期的随机压力、无法察觉的缺陷、自然失效和人为因素。

最后，在耗损阶段，故障率随着时间 t 的增加而增加。在这个阶段故障发生的主要原因有维护不当、老化、磨损、腐蚀、蠕变或不当的翻修。

浴缸故障率数学曲线可以用下列方程表示：

$$\lambda(t) = \theta\lambda m t^{m-1} + (1-\theta) n t^{n-1} \beta e^{\beta t^{n}} \qquad (3\text{-}1)$$

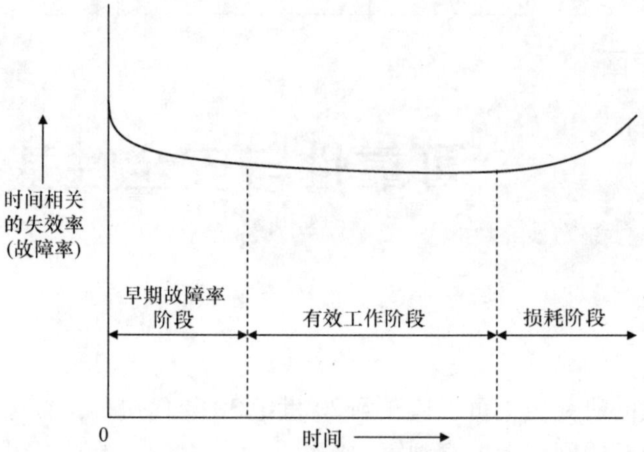

图 3-1　浴缸故障率曲线

式中，$m>0$，$n>0$，$\beta>0$，$\lambda>0$，$0\leqslant\theta\leqslant1$，$n=1$，$m=0.5$，$t\geqslant0$；$t$ 是时间；$\lambda(t)$ 是故障率；λ、β 是规模参数；m、n 是形状参数。

3.3 一般可靠性相关公式

目前，有许多通用公式可以进行各种类型的可靠性分析，下面介绍四个常用公式。

3.3.1 故障（或概率）密度函数

故障（或概率）密度函数的公式为：

$$f(t) = -\frac{\mathrm{d}R(t)}{\mathrm{d}t} \tag{3-2}$$

式中，t 是时间；$f(t)$ 是故障（或概率）密度函数；$R(t)$ 是项目在时间 t 上的可靠性。

例 3.1

假设一个运输系统的可靠性由以下函数表达：

$$R_{ts}(t) = \mathrm{e}^{-\lambda_{ts}t} \tag{3-3}$$

式中，t 是时间；$R_{ts}(t)$ 是运输系统在时间 t 上的可靠性；λ_{ts} 是交通系统的失效率常数。

通过使用方程（3-2）可以获得一个运输系统的故障概率密度函数的表达式。

把方程（3-3）代入方程（3-2）可以得到：

$$f(t) = -\frac{\mathrm{d}\mathrm{e}^{-\lambda_s t}}{\mathrm{d}t} = \lambda_s \mathrm{e}^{-\lambda_s t} \tag{3-4}$$

因此，方程（3-4）是交通运输系统的故障概率密度函数的表达式。

3.3.2　故障率函数

故障率函数的表达式为：

$$\lambda(t)=\frac{f(t)}{R(t)} \tag{3-5}$$

式中，$\lambda(t)$是项目故障率。

将式（3-2）代入式（3-5）：

$$\lambda(t)=-\frac{1}{R(t)}\cdot\frac{\mathrm{d}R(t)}{\mathrm{d}t} \tag{3-6}$$

例 3.2

通过式（3-3）和式（3-6）可以得到交通运输系统的故障率公式。

把式（3-3）代入式（3-6）可以得到：

$$\lambda(t)=-\frac{1}{\mathrm{e}^{-\lambda_s t}}\cdot\frac{\mathrm{d}\mathrm{e}^{-\lambda_s t}}{\mathrm{d}t}=\lambda_s \tag{3-7}$$

因此，交通运输系统的故障率由方程（3-7）给出，该方程右边不是时间 t 的函数，显然，λ_s 通常指某一要素（指系统中的某一构成要素）的固定的故障率，因为它不随时间变化。

3.3.3　一般可靠性函数

一般可靠性函数可以表示为式（3-6）：

$$-\lambda(t)\,\mathrm{d}t=\frac{1}{R(t)}\mathrm{d}R(t) \tag{3-8}$$

通过对式（3-8）的两边同时积分，可以得到：

$$\int_0^t\lambda(t)\,\mathrm{d}t=\int_1^{R(t)}\frac{1}{R(t)}\mathrm{d}R(t) \tag{3-9}$$

因此，当 $t=0$ 时，$R(t)=1$。

将方程（3-9）的右边算出来并重新整理得：

$$\ln R(t)=-\int_0^t\lambda(t)\,\mathrm{d}t \tag{3-10}$$

利用式（3-10），我们可以计算出：

$$R(t)=\mathrm{e}^{-\int_0^t\lambda(t)\mathrm{d}t} \tag{3-11}$$

方程（3-11）是一般可靠性函数的表达式。因此，当一个物体发生故障的时间符合任何一个在时间上连续的概率分布时（例如指数分布、韦伯分布、瑞利分布等），我们就可以用这个公式来获得该物体的可靠性。

例 3.3

假设运输系统的故障概率密度函数服从指数分布，并且故障率是常数，为每小时 0.007 次，以一个 4 小时的任务为例计算交通系统的可靠性。把给定的数据带入式（3-11）可以得到：

$$R(4) = e^{-\int_0^4 (0.007)dt} = e^{-(0.007)(4)} = 0.9724$$

因此，交通系统的可靠性是 0.9724。换句话说，该交通系统在指定的时间内有 97.24% 的可能不会出现故障。

3.3.4 平均失效时间

平均失效时间可以用以下三个公式来表示：

$$MTTF = \int_0^\infty R(t)\,dt \tag{3-12}$$

$$MTTF = E(t) = \int_0^\infty tf(t)\,dt \tag{3-13}$$

$$MTTF = \lim_{S \to 0} R(s) \tag{3-14}$$

式中，*MTTF* 是平均失效时间；*S* 是拉普拉斯变换变量；$R(s)$是可靠性函数 $R(t)$的拉普拉斯变换；$E(t)$是期望值。

例 3.4

利用方程（3-3）证明方程（3-12）和方程（3-14），对于计算交通系统的平均失效时间有同样的结果。把方程（3-3）代入方程（3-12）我们得到：

$$MTTF_s = \int_0^\infty e^{-\lambda_s t}\,dt = \frac{1}{\lambda_s} \tag{3-15}$$

式中，$MTTF_s$ 是交通系统平均失效时间。

通过对式（3-3）进行拉普拉斯变换，我们得到：

$$R(s) = \int_0^\infty e^{-st} e^{-\lambda_s t}\,dt = \frac{1}{s + \lambda_s} \tag{3-16}$$

式中，$R_s(s)$是交通系统可靠性函数 $R_s(t)$的拉普拉斯变换。

把方程（3-16）代入方程（3-14），得到：

$$MTTF_s = \lim_{s \to 0} \frac{1}{s + \lambda_s} = \frac{1}{\lambda_s} \tag{3-17}$$

方程（3-17）和方程（3-15）是相同的，证明了方程（3-12）和方程(3-14)对于计算交通系统的平均失效时间有相同的结果。

3.4 路网可靠性

在对一个交通系统进行可靠性分析时要考虑不同的配置。本节在进行可靠性评估时考虑了常见的配置和网络。

3.4.1 串联网络

串联网络是最简单的可靠性网络，其框图如图 3-2 所示。框图表示一个具有 m 个单元的串联系统，每个方块代表一个单元。该系统只有在所有的单元都工作正常时系统才能正常运行。换句话说，如果 m 个单元中有一个不正常运行，那么该系统就无法正常运行。

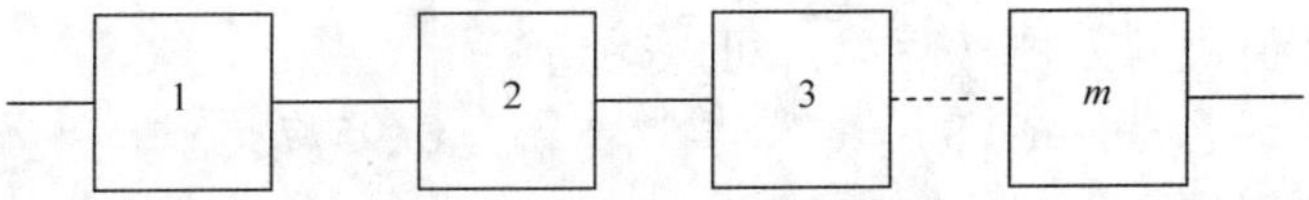

图 3-2　m 个单元的串联系统

图 3-2 所示是串联系统的可靠性，表达式为：

$$R_s = P(E_1 E_2 E_3 \cdots E_m) \tag{3-18}$$

式中，R_s 是串联系统的可靠性；E_i 是单元 i 正常运行（即成功事件），$i=1$，2，3，…，m；$P(E_1 E_2 E_3 \cdots E_m)$是事件 $E_1 E_2 E_3 \cdots E_m$ 发生的概率。

系统的一系列事件都是独立的，因此式（3-18）可变为：

$$R_s = P(E_1)P(E_2)P(E_3)\cdots P(E_m) \tag{3-19}$$

式中，$P(E_i)$是事件 E_i 发生的可能性，$i=1$，2，3，…，m。

如果我们让 $R_i = P(E_i)$，$i=1$，2，3，…，m。式（3-19）变为：

$$R_s = R_1 R_2 R_3 \cdots R_m = \prod_{i=1}^{m} R_i \tag{3-20}$$

式中，R_i 是单元 i 的可靠性，$i=1$，2，3，…，m。

从式（3-11）可以得到故障率为常数 λ_i（即 $\lambda_i(t) = \lambda_i$），因此得到：

$$R_i(t) = e^{-\lambda_i t} \tag{3-21}$$

式中，$R_i(t)$是单元 i 在时间 t 上的可靠性。

把式（3-21）代入到式（3-20），我们得到：

$$R_s(t) = e^{-\sum_{i=1}^{m} \lambda_i t} \tag{3-22}$$

式中，$R_s(t)$是串联系统在时间 t 上的可靠性。

将式（3-22）用于式（3-12），得到串联系统的平均失效时间的表达式如下：

$$MTFF_s = \int_0^{\infty} e^{-\sum_{i=1}^{m} \lambda_i t} dt = \frac{1}{\sum_{i=1}^{m} \lambda_i} \tag{3-23}$$

式中，$MTFF_s$ 是串联系统平均失效时间。

把方程（3-22）代入方程（3-6），我们得到了以下串联系统故障率的表达式：

$$\lambda_s(t) = -\frac{1}{e^{-\sum_{i=1}^{m}\lambda_i t}}\left[-\sum_{i=1}^{m}\lambda_i\right]e^{-\sum_{i=1}^{m}\lambda_i t} = \sum_{i=1}^{m}\lambda_i \tag{3-24}$$

式中，$\lambda_s(t)$是串联系统的故障率。

注意等式（3-24）右边与时间 t 无关。因此式（3-24）左边的串联系统的故障率可以简化为 λ_s。这意味着对系统每增加一个单元的失效率时，我们都可以假设这些单元与已有的系统串联，从可靠性角度来说，这是最差的一种情况。

例 3.5

假设某道运输系统有六个相同且独立的轮胎，并且每个轮胎的恒定失效率是每小时 0.0009 次。该系统要成功运行，则要求六个轮胎均正常运行。

把给定的数值代入方程（3-22）可以得到

$$R_s(8) = e^{-(0.0009)(6)(8)} = 0.9577$$

把给定的数据代入方程（3-23）

$$MTFF_s = \frac{1}{6(0.0009)} = 185.18\text{h}$$

将给定的数值代入方程（3-24）

$$\lambda_s = 6(0.0009) = 0.0054\ 次/\text{h}$$

因此，该交通系统的可靠性、平均失效到达时间和对轮胎的故障率分别为 0.9577、185.18h、0.0054 次/h。

3.4.2 并联网络

在并联网络中，系统是由 m 个并行运行的单元组成的，也就是说要保证系统的正常运行，需要至少有一个单元正常运行。由 m 个单元组成的并联系统框图如图 3-3 所示，图中每一个方块代表一个单元。

图 3-3 所示并联系统的失效概率可用下式表示：

$$F_p = P(\overline{E_1}\,\overline{E_2}\,\overline{E_3}\cdots\overline{E_m}) \tag{3-25}$$

式中，F_p 是并联系统的失效概率；$\bar{E}_i$ 是单元 i 失效（即失败事件）的事件，$i = 1, 2, 3\cdots m$；$P(\overline{E_1}\,\overline{E_2}\,\overline{E_3}\cdots\overline{E_m})$是事件$\overline{E_1}$，$\overline{E_2}$，$\overline{E_3}$，…，$\overline{E_m}$同时发生的概率。

并联系统中的单元都是并行独立的，所以式（3-25）可以写成：

$$F_p = P(\overline{E_1})P(\overline{E_2})P(\overline{E_3})\cdots P(\overline{E_m}) \tag{3-26}$$

式中，$P(\bar{E}_i)$是事件 $\bar{E}_i$ 发生故障的概率，$i = 1, 2, 3\cdots m$。

假如我们令 $F_i = P(\bar{E}_i)$，$i = 1, 2, 3\cdots m$。那么式（3-26）变为：

$$F_p = F_1F_2F_3\cdots F_m \tag{3-27}$$

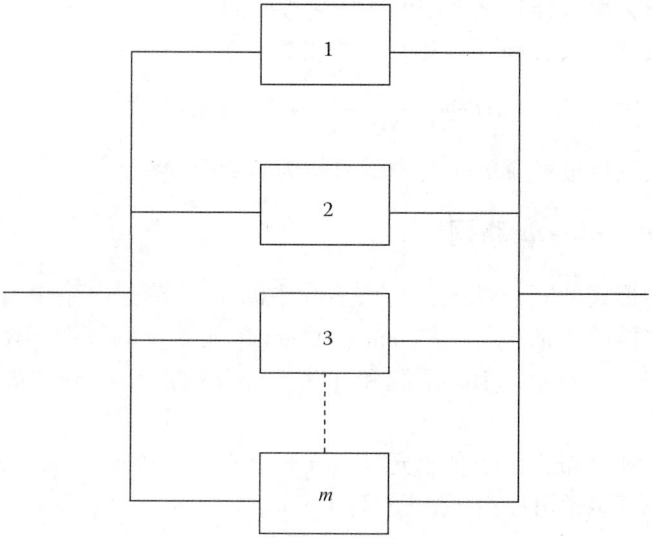

图 3-3　m 个单元的并联系统系统框图

式中，F_i 是单元 i 的故障率，$i=1$，2，3…m。

我们用 1 减去式（3-27）可以得到：

$$R_p = 1 - F_p = 1 - F_1 F_2 F_3 \cdots F_m \tag{3-28}$$

式中，R_p 是并联系统的可靠性。

单元 i 的故障率为常数 λ_i，使用 1 减去方程（3-21），并把结果代入方程(3-28)中，我们可以得到：

$$R_p(t) = 1 - (1 - e^{\lambda_1 t})(1 - e^{\lambda_2 t})(1 - e^{\lambda_3 t})\cdots(1 - e^{\lambda_m t}) \tag{3-29}$$

式中，$R_p(t)$ 是并联系统在时间 t 上的可靠性。

因为所有单元是相同的，因此我们把式（3-29）代入式（3-12）可以得到：

$$MTFF_p = \int_0^{\infty} [1 - (1 - e^{-\lambda t})^m] dt = \frac{1}{\lambda} \sum_{i=1}^{m} \frac{1}{i} \tag{3-30}$$

式中，$MTFF_p$ 是并联系统的平均失效时间；λ 是单元的恒定失效率。

例 3.6

假设在一个交通系统中有三个独立、相同且有效的发动机，该交通系统要正常运行必须有至少一个发动机正常运行。如果每个发动机的失效概率为 0.01，计算交通系统的可靠。

把给定的数据值代入方程（3-28），我们得到：

$$R_p = 1 - (0.1)(0.1)(0.1) = 0.999$$

因此，该交通系统的可靠性为 0.999。

例 3.7

假设有一个交通系统由两个独立运行且相同的单元构成，每个单元的恒定失效率为每小时 0.005 次。计算该系统的平均失效时间。

把给定的数据代入方程（3-30）可以得到：

$$MTFF_{\mathrm{p}} = \frac{1}{0.05}\left[1 + \frac{1}{2}\right] = 300\mathrm{h}$$

因此，该交通运输系统的平均失效时间为 300h。

3.4.3 *k* - out - of - *m* 路网

这是另一种形式的冗余系统，当该系统中的 m 个单元中至少有 k 个单元正常运行时，系统才能够正常运行。k - out - of - m 单元系统的框图如图 3-4 所示。图中每个方块代表一个单元，串联系统和并联系统分别是该系统中 $k = m$ 和 $k = 1$ 的两种特殊情况。

使用独立二项分布，由于各单元是独立同分布的，因此对于图 3-4 所示的 k - out - of - m 系统可靠性可以由下式表示：

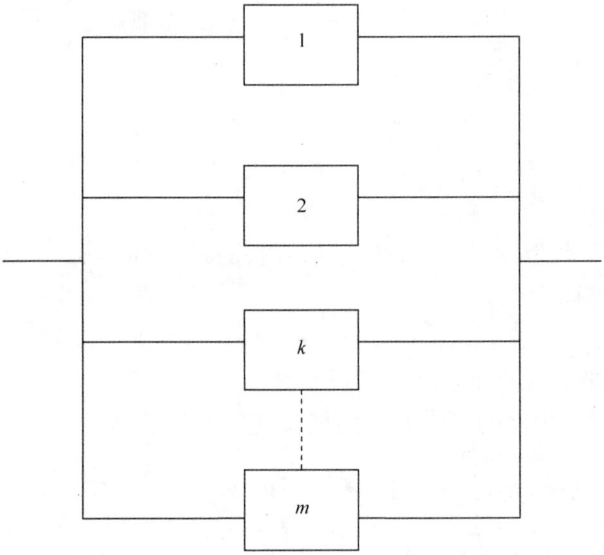

图 3-4　k - out - of - m 系统网络框图

$$R_{\mathrm{k/m}} = \sum_{i=k}^{m} \binom{m}{i} R^{i} (1 - R)^{m-i} \tag{3-31}$$

$$\binom{m}{i} = \frac{m!}{(m-i)!\ i!} \tag{3-32}$$

式中，R 是单元的可靠性；$R_{\mathrm{k/m}}$ 是 k - out - of - m 系统的可靠性。

由于每一个单位都有恒定相同的失效率，因此根据式（3-11）和式（3-31）我们得到：

$$R_{k/m}(t) = \sum_{i=1}^{m} \binom{m}{i} e^{-i\lambda t} (1 - e^{\lambda t})^{m-i} \tag{3-33}$$

式中，λ 是单位的恒定失效率；$R_{k/m}(t)$ 是 k - out - of - m 系统在时间 t 上的可靠性。

把式（3-33）代入式（3-12）可以得到

$$MTTF_{k/m} = \int_0^{\infty} \left[\sum_{i=1}^{m} \binom{m}{i} e^{-i\lambda t} (1 - e^{-\lambda t})^{m-i} \right] dt = \frac{1}{\lambda} \sum_{i=k}^{m} \frac{1}{i} \tag{3-34}$$

式中，$MTTF_{k/m}$是 k - out - of - m 网络平均失效到达时间。

例 3.8

一个交通系统有三个独立、并行且相同的单元，当至少两个单元正常运行时，该系统才能正常运行。假设每个单元的恒定失效率为 0.0007 次/小时，试求该交通系统的平均失效时间。

把指定的数据代入到方程（3-34）我们可以得到：

$$MTTF_{2/3} = \frac{1}{(0.0007)} \sum_{i=2}^{3} 1/i = 1190.48\text{h}$$

因此，交通系统平均失效到达时间是 1190.48h。

3.4.4 备用系统

在这种可靠性网络中，系统只有一个单元在工作，且有 n 个单元保持待机状态。总系统包含（n + 1）个单位，一旦运行的单元发生故障，切换机制会检测到故障并打开一个备用单元。当所有的备用单元失效后系统会最终失效。备用系统的一个运行单元和 n 个备用单元的框图如图 3-5 所示。图中的每个方块代表一个单元。

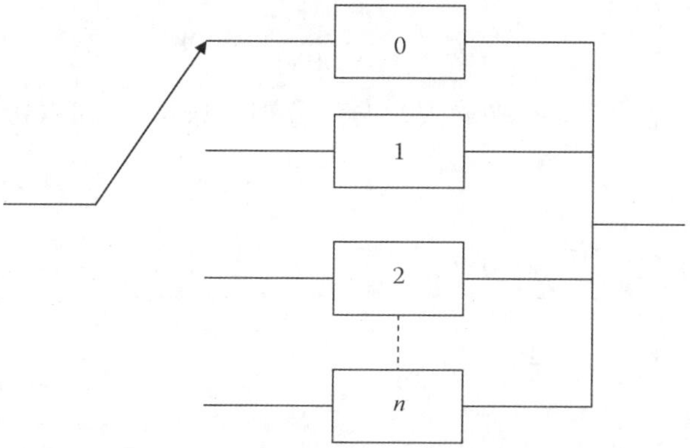

图 3-5　具有 1 个运行单元 n 个备用单元的系统框图

使用图 3-5 中的系统，该系统具有相同的独立单元，不随时间变化的单元失效率，并且具有完善的切换机制和备用单元，于是我们可以得出备用系统可靠性的表达式：

$$R_{ss}(t) = \sum_{i=0}^{n} [[\int_0^t \lambda(t) \mathrm{d}t]^i \mathrm{e}^{-\int_0^i \lambda(t) \mathrm{d}t}] / i! \tag{3-35}$$

式中，$\lambda(t)$是单元与时间无关的失败率和故障率；$R_{ss}(t)$是备用系统在时间 t 上的可靠性。

因为每个单元的故障率为常数（即 $\lambda(t)=\lambda$），则式（3-35）可以写成：

$$R_{ss}(t) = [\sum_{i=0}^{n} (\lambda t)^i \mathrm{e}^{-\lambda t}] / i! \tag{3-36}$$

式中，λ 是单元的恒定失效率。

把方程（3-36）代入到方程（3-12），我们得到：

$$MTTF_{ss} = \int_0^{\infty} [[\sum_{i=0}^{n} (\lambda t)^i \mathrm{e}^{-\lambda t}] / i!] \mathrm{d}t = \frac{n+1}{\lambda} \tag{3-37}$$

式中，$MTTF_{ss}$是备用系统平均失效时间。

例 3.9

假设一个备用系统是由两个相同、独立的单元组成（即一个单元运行，另一个单元备用），单元的恒定故障率是每小时 0.005 次，并且认为该系统的切换机制正常工作，且备用单元在备用期间没有损耗，则计算该被用系统在 150h 中的可靠性和平均失效时间。

通过把给定的数据值代入方程（3-36），我们得到：

$$R_{ss}(150) = \sum_{i=0}^{1} [[(0.005)(150)]^i \mathrm{e}^{-(0.005)(150)}] / i! = 0.8266$$

同样，用给定的数据代入方程（3-37），我们得到：

$$MTTF_{ss} = \frac{2}{(0.005)} = 400\mathrm{h}$$

因此，备用系统可靠性和平均失效时间分别是 0.8266 和 400h。

3.4.5 桥接路网

有时交通运输系统中的单元可能形成一个桥接网络，如图 3-6 所示。图中的每

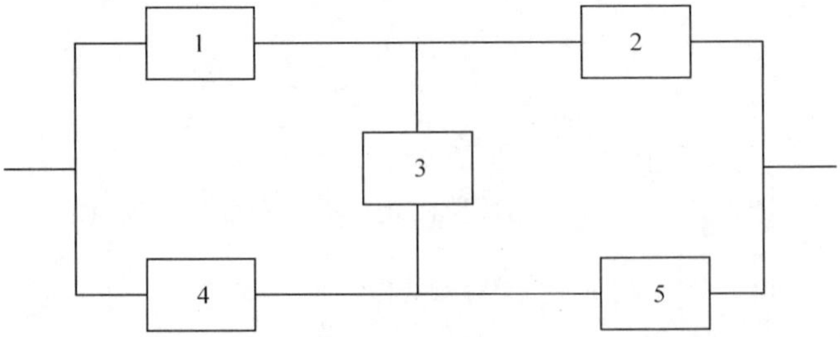

图 3-6 一个含有五个不同单元的桥接网络

个方块代表一个单元，所有单元都用数字标记。

因为图 3-6 所示的桥接网络中的单元失效性不独立，可靠性公式为：

$$R_{bn}=2R_1R_2R_3R_4R_5+R_1R_3R_5+R_2R_3R_4+R_2R_5+R_1R_4 \\ -R_1R_2R_3R_4-R_1R_2R_3R_5-R_2R_3R_4R_5-R_1R_2R_4R_5-R_3R_4R_5R_1 \quad (3\text{-}38)$$

式中，R_{bn}是桥接网络的可靠性；R 是第 i 个单元可靠性（i = 1，2，3，4，5）。

因为各单元相同，则方程（3-38）可以简化为：

$$R_{bn}=2R^5-5R^4+2R^3+2R^2 \quad (3\text{-}39)$$

式中，R 是单元可靠性。

因为单元失效率为常数，所以使用方程（3-11）和方程（3-39），我们得到：

$$R_{bn}(t)=2e^{-5\lambda t}-5e^{-4\lambda t}+2e^{-3\lambda t}+2e^{-2\lambda t} \quad (3\text{-}40)$$

式中，λ 是单位恒定故障率；$R_{bn}(t)$是桥接网络在时间 t 上的可靠性。

把公式（3-40）代入公式（3-12）得到：

$$MTTF_{bn}=\frac{49}{60\lambda} \quad (3\text{-}41)$$

式中，$MTTF_{bn}$是桥网络平均失效时间。

例 3.10

假设一个交通系统是由五个独立且相同的单元构成的桥接网络结构。每个单元的恒定失效率是每小时 0.0007 次。计算该桥接网络在 200h 中的可靠性。

用给定的数据值代入方程（3-41）：

$$R_{bn}(200)=2e^{-5(0.0007)(200)}-5e^{-4(0.0007)(200)}+2e^{-3(0.0007)(200)}+2e^{-2(0.0007)(200)}=0.9627$$

因此，桥接网络可靠性是 0.9627。

3.5 事故发生的人为错误和职业压力

有很多职业压力可能会间接影响到运输系统的可靠性和安全性。这些压力可以分成四类，如图 3-7 所示，分别是工作负荷相关的压力、职业挫折相关的压力、职业变化相关的压力，以及其他各种各样的压力。

工作负荷相关的压力和工作的强度有关。在工作压力过大的情况下，工作负荷将会超过个人的能力。同样，在较低压力下工作的情况中，当前的任务没有对人提供足够的刺激。在较低压力下工作的典型例子包括缺乏获得个人的技能和专业知识的机会、缺乏知识的输入，以及重复的任务等。

职业挫折相关的压力是指由于职业上发生的挫折而引起的一系列问题，如缺少职业发展的指导、个人职能的模糊化，以及缺少有效的沟通等。

职业变更相关的压力是指生理反应的破坏、认知和行为模式的变更等。

最后，其他各种各样的压力指不包含在上述几类压力中的压力。典型的例子包括：过多的噪声、过弱或过强的光线和不和谐的人际关系等。

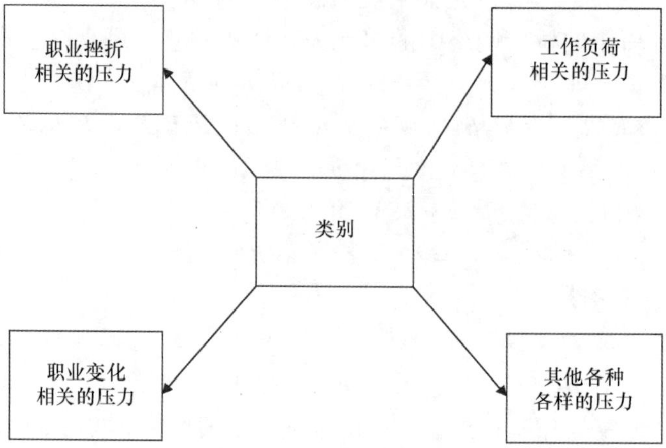

图 3-7　职业压力的类别

过去的经验表明人为错误的发生有许多原因，一些重要的原因如下：

➢ 不合理的工作安排。
➢ 不合理的设备设计。
➢ 使用工具不当。
➢ 设备操作流程和维护流程描述不足。
➢ 复杂的任务。
➢ 语言交流的不足。
➢ 在工作区域照明不足。
➢ 在工作区域有高温和噪声。
➢ 拥挤的工作区域。
➢ 培训质量差。
➢ 管理不善。
➢ 工作动机错误。

3.6 人为错误的后果和分类

人为错误的后果范围可以从轻微到非常严重，如从微不足道的延迟到非常严重的死亡事故。此外，错误的后果可以从一个设备到另一个设备，从一个任务到另一个任务，或者从一个场景到另一个场景进行传递。

在对设备的操作方面，人为错误的后果可以分成以下三个的类别：

➢ 设备操作完全停止。
➢ 设备操作的轻微延迟。
➢ 设备操作延迟相当明显，但不是完全停止。

在工程方面人为错误可以分为很多类。七个常用的分类如图 3-8 所示。关于图 3-8 所示的对人为错误分类的更多信息可以在文献中找到的。

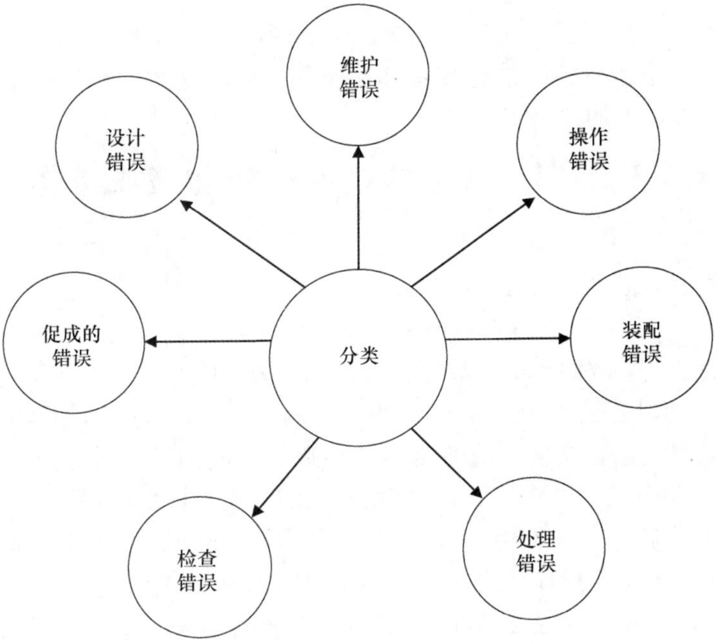

图 3-8　常见的人为错误分类

3.7 工程师与安全

如今，现代工程产品已经变得非常复杂，对工程师来说产品的安全性已经成为一个具有挑战性的问题。由于全球竞争等原因，他们不得不以更低的成本快速地完成新的设计。但是根据经验，这通常也会导致更多设计上的缺点、错误，甚至造成事故。

设计存在缺陷或不足可能引发事故，其可能由设计师造成，一般包括：

- 未能适当警告潜在的危害。
- 未能消除或减少人为错误的发生。
- 在可能存在危险的情况下未能给出一个适当的操作流程。
- 未能预见到一个项目（或系统）的应用所带来的潜在后果。
- 未能为使用者提供一个适当的防护设备。
- 设计本身是错误的、混乱的或不完整的。
- 依赖于用户本身的行为来避免事故。
- 只依赖于危险警告而不提供安全的设计来消除故障。

➢ 项目（或系统）产生了一个不安全的特征。

➢ 给产品（或系统）的操作者设定了一个不合理的压力水平。

➢ 没有正确判断或者考虑失误、遗漏。

➢ 违反潜在产品（或系统）使用者的一般倾向（或能力）。

➢ 增加了一个运行控制措施或者其他设备，从而增加了系统在紧急情况下的反应时间，使人们更加容易犯错误。

3.8 生产事故类别、常见的机械损伤和造成工作中受伤的原因

产品的危害有很多，通常被分为如下六大类：

➢ 类别1：电气危害。这些危害有两个主要元素：电击危险和触电危险。产品或系统的主要电气事故源于电气故障，最常见的为短路。

➢ 类别2：环境危害。这些危险可以分为两类：内部危险和外部危险。内部危险与周围环境的变化有关，环境变化容易导致产品的内部损坏。仔细考虑下列因素，如振动、环境噪声水平、大气污染物、电磁辐射、极端的温度等，将有助于在设计阶段帮助消除或最小化内部危险。外部危险带来的危害表现在产品或系统的寿命上，包括维护风险、操作风险、使用寿命和处置的危险。

➢ 类别3：人为因素危害。对人类来说，这些危害来自于人自身的不足，如他们的体力、智力、体重、视力、视觉角度、计算能力、高度、教育等的不足。

➢ 类别4：能源危害。这些危险可以分组为以下两个分类：势能和动能的危害。势能危害一般与能够储存能量的物品有关，比如弹簧、压缩气体容器和电容器等。设备使用期间，这些危害是需要引起注意的，因为当存储的能量突然释放时会导致严重的危害。动能的危害来自于运动的物体，这些产品可以是风扇叶片、飞轮、梭子等，任何和这些运动物体接触的物体都容易受到破坏。

➢ 类别5：误用和滥用的危险。他们来自于对产品的使用。产品的滥用会导致严重的伤害，也会导致危险的情况发生或人员受伤。不当的维护和不正确的操作流程也会导致此类危害的发生。

➢ 类别6：运动物品产生的危险。这些危害是指整体或部分一起移动时产生的事故，例如破碎、挤压等情况的发生。

在工业领域（包括交通），人类需要使用各种类型的设备来执行任务，如冲压、钻孔、切割和凿等。过去的经验表明，当执行这些任务时有可能发生各种类型的伤害，其中常见的如下：

➢ 挤压损伤。身体的某一部分夹在两个逐步移动，或用于粉碎物体的两个物体中间。

➢ 穿孔损伤。这些伤害发生时，一个物体直接穿透人的身体。

➢ 剪切损伤。这与剪切过程相关，所引发的悲剧包括剪断手指/手。

➢ 切割和撕裂伤。当身体的一部分与尖锐物体的边缘有接触时会发生此类损伤。

➢ 破坏损伤。这些损伤通常与用机器改变各种类型的工程材料的形状有关，这可能导致轻微骨折、完全骨折、横向骨裂或斜向骨裂。

➢ 应变和扭伤。通常来自于使用机器或其他物品。这种伤害的例子包括肌肉拉伤或韧带扭伤等。

多年来，专业人士参与事故调查并总结了出现工作伤害的各种原因，常见问题如下[6]：

➢ 用力过度。

➢ 暴露在极端的温度中。

➢ 跌落。

➢ 辐射。

➢ 机动车事故。

➢ 事故影响。

➢ 化学品损伤。

➢ 摩擦或磨损。

根据一项由美国国家安全生产委员会做出的报告，大约 31% 的工伤都是由过度运动引起的。

3.9 事故致因理论

目前事故因果关系理论有很多。下面主要描述其中的两种理论。

3.9.1 多米诺事故因果关系理论

这个理论由 H. W. Heinrich 总结，并提出了 10 条描述，被称为“工业安全的公理”，如表 3-1 所示。

此外，H. W. Heinrich 认为在事故中存在 5 个特定因素：

➢ 因素 1：祖先和社会环境。一般被认为是消极的性格特征，如固执、贪婪和鲁莽，这些特点通过你的祖先遗传或者后天的社会环境或自然环境影响形成，可能导致人类以一种不安全的行为方式进行活动。

➢ 因素 2：人为错误。由于操作者消极的性格特征（遗传或后天获得），如暴躁、激动、忽视安全操作、鲁莽和紧张而引起的不安全行为和机械（或身体）的危害。

➢ 因素 3：不安全行为/机械或物理危害。这个因素指人的不安全的行为（移除安全保障措施、站在悬吊负载下、启动机器/设备时没有警告等），引发机械或身体的危害。常见的有操作位置光线不足、操作的位置空间不足、没有护栏、无防护的齿轮等。这些是事故发生的直接原因。

表 3-1 工业安全公理

序号	公理
1	人的不安全行为是大多数工业事故的原因
2	监察员在工业事故的预防中扮演了重要角色
3	防止事故的方法与企业生产管理、成本管理及质量管理的方法类似
4	损伤的发生是由一系列因素导致的，最后一个就是事故本身
5	受伤的严重程度在很大程度上是偶然的，但具体事故的出现通常是可以预见的
6	一个人的不安全行为或不安全的条件并不会立即导致事故的发生
7	企业领导者有进行事故预防工作的能力，并且能把握进行事故预防工作的时机，因而应该承担预防事故工作的责任
8	人们产生不安全行为的原因之一，可能是为了选择必要的纠正措施而做出的不当行为
9	人的不安全行为和（或）物理相关风险往往导致事故的发生
10	事故成本有两种类型：直接和间接。直接成本包括补偿，责任索赔，医疗费用以及与医院相关的费用等

➢ 因素 4：事故。典型的例子就是人被飞行的物体击中或人坠落。

➢ 因素 5：损伤。该因素指典型的由事故造成的伤口及骨折。

3.9.2 人为因素事故因果关系理论

这个理论是基于事故是由人直接或间接导致而发生的假设而建立的。以下三个主要因素通常导致人为错误的发生：

➢ 不适当的活动。由个体的人为错误产生不适当的活动。例如，一个人在一个指定的任务中误判了危险程度，并且在这个错误判断的基础上执行任务。

➢ 不恰当的反应/不兼容。这是另一个可能导致人为错误发生的主要因素。有三种人产生不恰当的反应，典型的例子分别为：

a. 无视指定的安全程序。

b. 检测到一个危险的条件但没有纠正措施。

c. 取消机器的维护以增加产量。

➢ 过载。指的是在给定的状态下人的能力和自身所负担的负荷不平衡引起的问题。一个人的能力取决于压力、疲劳、训练的程度、自然能力、精神状态和身体状况等因素。而个人的负荷状态是由任务构成的，在任务中人要对由诸如内在因素（如忧虑、紧张情绪、个人问题等）、环境因素（如噪声、干扰等）和处境因素（如不干净的设备、风险水平等）产生的额外负担做出反应。

习 题

1. 请描述浴缸故障率曲线。

2. 写出下列方程:

   a. 故障率函数

   b. 可靠性函数

   c. 故障密度函数

3. 写出三个不同的平均失效时间的公式。

4. 一辆车有四个完全相同的轮胎，每个轮胎的失效率都是 0.005 次/小时。四个轮胎都必须正常工作，车辆才可以正常运行。计算下列问题:

   a. 车辆正常运行 10h 的可靠性

   b. 车辆的故障率

   c. 车辆的平均失效时间

5. 假设一个运输系统有三个独立运行且完全相同的单位。一个单位的失效率是 0.004 次/小时。计算运输系统平均失效时间。

6. k - out - of - m 网络的特殊情况会产生什么网络?

7. 比较 k - out - of - m 网络与备用系统。

8. 人为错误发生的主要原因是什么?

9. 讨论多米诺事故因果关系理论。

10. 导致工伤的常见原因是什么?

参考文献

[1] Dhillon, B. S. 1983. *Power system reliability, safety, and management*. Ann Arbor, Mich.: Ann Arbor Science Publishers.

[2] Layman, W. J. 1933. Fundamental consideration in preparing a master plan. *Electrical World* 101:778–792.

[3] Smith, S. A. 1934. Service reliability measured by probabilities of outage. *Electrical World* 103:371–374.

[4] Dhillon, B. S. 1999. *Design reliability: Fundamentals and applications*. Boca Raton, Fla.: CRC Press.

[5] Goetsch, D. L., 1996. *Occupational safety and health*. Englewood Cliffs, N.J.: Prentice Hall.

[6] Dhillon, B. S. 2003. *Engineering safety: Fundamentals, techniques, and applications*. River Edge, N.J.: World Scientific Publishing.

[7] Kapur, K. C. 1982. Reliability and maintainability. In *Handbook of industrial engineering*, ed. G. Salvendy, 8.5.1–8.5.34. New York: John Wiley and Sons.

[8] Dhillon, B. S. 1979. A hazard rate model. *IEEE Transactions on Reliability* 28:150.

[9] Dhillon, B. S. 1981. Life distributions. *IEEE Transactions on Reliability* 30:457–459.

[10] Shooman, M. L. 1968. *Probabilistic reliability: An engineering approach*. New York: McGraw-Hill.

[11] Dhillon, B. S. 2005. *Reliability, quality, and safety for engineers*. Boca Raton, Fla.: CRC Press.

[12] Sandler, G. H. 1963. *System reliability engineering*. Englewood Cliffs, N.J.: Prentice Hall.

[13] Lipp, J. P. 1957. Topology of switching elements versus reliability. *Transactions on IRE Reliability and Quality Control* 7:21–34.

[14] Beech, H. R., L. E. Burns, and B. F. Sheffield. 1982. *A behavioural approach to the management of stress*. New York: John Wiley and Sons.

[15] Meister, D. 1962. The problem of human-initiated failures. In *Proceedings of the 8th National Symposium on Reliability and Quality Control*, 234–239.

[16] Juran, J. M. 1935. Inspector's errors in quality control. *Mechanical Engineering* 57:643–644.

[17] Meister, D. 1971. *Human factors: Theory and practice*. New York: John Wiley and Sons.

[18] McCormack, R. L. 1961. Inspection accuracy: A study of the literature. Report No. SCTM 53-61 (14). Sandia Corporation, Albuquerque, N.M.

[19] Hammer, W., and D. Price. 2001. *Occupational safety management and engineering*. Upper Saddle River, N.J.: Prentice Hall.

[20] Hunter, T. A. 1992. *Engineering design for safety*. New York: McGraw-Hill.

[21] Heinrich, H. W. 1959. *Industrial accident prevention*. New York: McGraw-Hill.

[22] Heinrich, H. W., D. Petersen, and N. Roos. 1980. *Industrial accident prevention*. New York: McGraw-Hill.

第4章 交通运输系统可靠性和安全性分析实施方法

4.1 简介

多年来，各国学者已经在可靠性和安全性领域发表了大量的文章，包括期刊文章、会议文章、书籍和技术报告等。有很多出版物介绍了用于可靠性和安全性分析的各种方法和技术的发展。其中的一些方法和技术已经相当有效地应用于可靠性和安全性领域。其他的理论则更多地局限于某一个特定的领域（即可靠性领域或安全领域）。

可同时应用于可靠性和安全性领域的方法及技术有：故障模式和效果分析（FMEA）、故障树分析（FTA）和马尔科夫法。FMEA 诞生于 20 世纪 50 年代初，可以分析工程系统的可靠性；FTA 方法发展于 20 世纪 60 年代早期，可以分析火箭发射控制系统的安全性。如今，FMEA 和 FTA 已经被用于不同的领域来分析各种类型的问题。

马尔科夫法是以俄罗斯数学家安德烈马尔科夫（1856—1922）的名字命名的。它是一种高等数学的方法，通常用于工程系统中执行各种类型的可靠性和安全性分析。这一章将为读者介绍大量用于分析可靠性和运输系统安全性的方法和技术，它们都引自于该领域的相关文献。

4.2 故障模式与效果分析（FMEA）

FMEA 是一个被广泛应用于分析系统工程可靠性的设计工具，它能用于分析系统潜在故障模式对可靠性的影响。FMEA 的历史可以追溯到 20 世纪 50 年代早期飞行控制系统发展的阶段。当时美国海军航空航天局开发了一种名叫故障分析的方法，用来为可靠性控制建立一个详细的设计结构。随后，故障分析被更名为故障模式与效果分析（FMEA）。FMEA 的七个主要步骤如图 4-1 所示。

在实施 FMEA 前，需要仔细研究分析各类因素。部分因素如下：

➢ 由相关专家测试每个可能的故障模式。

➢ 计算成本（或利益）。

➢ 获得工程师的批准和支持。

➢ 基于风险优先数进行决策。

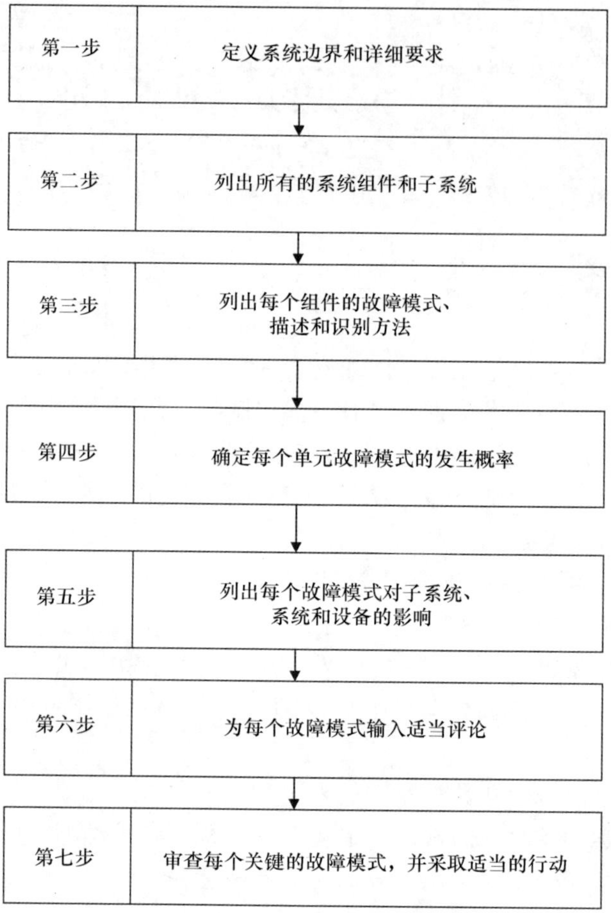

图 4-1　FMEA 的执行步骤

多年来，可靠性分析的专业人员已经建立了有关 FMEA 的一些指南或实例。其中四条指南或实例如图 4-2 所示。

FMEA 的主要优点如下：

➢ 它是一种对硬件故障分级或分类的系统研究方法。
➢ 它是一种从细节层面开始并逐步向上工作的有效方法。
➢ 它是一种可用来比较设计和识别安全性问题的有效方法。
➢ 它是一种可视化的管理工具，用以缩短产品开发时间和成本。
➢ 它是一种来改善设计界面与人员之间沟通的有效工具。
➢ 它是一种帮助理解和提升顾客满意度的有效工具。
➢ 它是一种减少工程更改和提高测试效率的有效方法。
➢ 它是一种防止将来犯同样错误的有效工具。

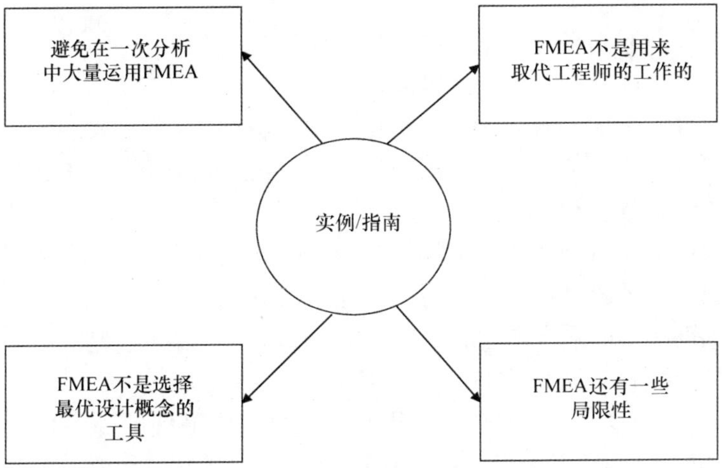

图 4-2　与 FMEA 相关的指南或实例

故障模式的影响及危害性分析（FMECA）

FMECA 是 FMEA 的扩展版本。当把 FMEA 延伸到基于安全等级来将每个潜在故障危害分类或分组时（这包括记录关键的和灾难性的故障），该方法被称为 FMECA。FMECA 方法由美国国家航空航天管理局（NASA）研发，以确保指定空间系统的可靠性。在 20 世纪 70 年代，美国国防部开发了题为“关于执行故障模式、影响及危害性分析规程”的军事标准。

有效执行 FMECA 需要各种类型的信息，特别是 FMECA 所需要的与设计有关的信息，其中包括系统原理图、设计说明、操作规范和限制、设备/零件图纸、接口规范、功能块图、现场服务数据、可靠性数据、配置与管理相关数据，以及在考虑中的环境对项目的影响和相关规格（例如公司、客户等）。

4.3　故障树分析（FTA）

故障树分析方法被广泛应用于工业部门，它可在设计和开发的阶段评估工程系统的可靠性，特别是在核能发电领域。故障树可以简单地被描述为对一个不期望发生的事件（即顶事件）和导致其发生的各个基本事件的关系进行描述的逻辑表示方法，它一般用与门、或门等逻辑门组成的树状结构进行表述。

故障树方法是 20 世纪 60 年代初期在贝尔电话实验室对民兵导弹发射控制系统进行分析时发展得来的。执行故障树分析的主要目标如下：

- 确定关键领域并提升成本效益。
- 了解系统故障的功能函数。

➢ 满足管辖权要求。

➢ 确认系统能够满足其安全功能的相关要求。

➢ 了解由设计理念针对故障提供的保护等级策略。

有许多与 FTA 相关的预备知识，其中主要部分如下：

➢ 彻底了解系统（或项目）的设计、操作和维修方法。

➢ 清晰的分析范围和目标。

➢ 清晰的定义什么是系统（或项目）失败：不良事件。

➢ 清晰的定义系统（或项目）的物理边界和接口。

➢ 清晰识别相关的假设。

➢ 系统（或项目）运作经验的全面审查。

FTA 从确定一个系统（或项目）正在考虑的不良事件即顶事件开始。可以导致顶事件发生的故障事件是由与门“AND”和或门“OR”等逻辑运算符生成和连接的。当所有输入都为真时，“AND”输出真（即故障）。同样的，当一个或多个输入都为真时，“OR”输出真（即故障）。

故障树的构建以连续的生成故障事件的方式持续进行，直到故障事件不能再度扩展。这些故障事件都称为基本事件或初级事件。故障树是表示顶事件到基本或初级故障事件的一种逻辑结构。构建故障树期间，需要先问一个问题：“此故障事件是如何发生的?”用于构造故障树的四个基本符号如图 4-3 所示。

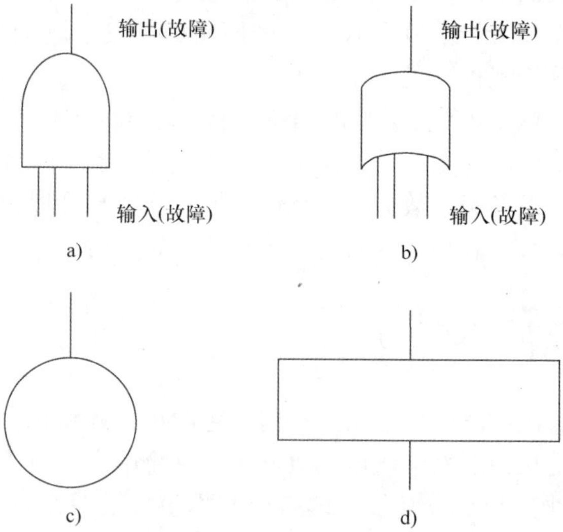

图 4-3 故障树的基本符号

a）与门 b）或门 c）基本故障事件 d）结果事件

我们已经讨论过与门和或门的含义。其余的两个符号（即圆形符号和矩形符号）的含义如下所述：

➢ 圆形符号：它表示一个基本的或主要的故障事件（例如，基本的组分或部分失败），而基本的故障事件包括参数故障可能性、故障率、不可用率和修复率。

➢ 矩形符号：它代表故障事件和逻辑门的组合事件。

例 4.1

假设一个没有窗户的房间包含四个灯泡和一个开关。如果开关无法闭合，则为顶级故障事件，创建一个叫“黑房间”的故障树。

在这种情况下，如果没电，或者开关无法闭合，或者四个灯泡都烧坏了，灯就不会亮（房间黑暗）。使用图 4-3 中的符号表示的故障树，如图 4-4 所示。图中单个大写字母表示相应的故障事件（例如，A：灯泡 1 号烧掉了；I：没有电；E：电源故障）。

4.3.1 故障树的概率评估

当已知基本或主要故障事件的发生概率时，可以计算顶事件的发生概率。我们必须先计算出所有环节的发生概率，才能计算得到顶事件发生的概率。或门输出故障事件的发生概率 A 的计算公式，已由相关文献给出。

$$P(A) = 1 - \prod_{i=1}^{m} \{1 - P(A_i)\} \tag{4-1}$$

式中，$P(A)$是或门输出故障事件 A 的发生概率；m 是输入或门的故障事件的数目；$P(A_i)$是或门输入的故障事件 A_i，$i = 1, 2, 3, \cdots, m$。

同样，与门输出故障事件发生的概率 B，已由相关文献给出。

$$P(B) = \prod_{i=1}^{k} P(B_i) \tag{4-2}$$

式中，$P(B)$是与门输出故障事件 B 的发生概率；k 是输入与门的故障事件的数目；$P(B_i)$是与门输入的故障事件 B_i，$i = 1, 2, 3, \cdots, k$。

例 4.2

假设图 4-4 中 A、B、C、D、E、F、G 各自发生的概率分别为 0.07、0.06、0.05、0.04、0.03、0.02、0.01。用式（4-1）和式（4-2）计算顶事件 T 的发生概率。

将给定的事件 A、B、C、D 发生的概率代入到式（4-2），可得：

$$P(H) = (0.07)(0.06)(0.05)(0.04) = 0.0000084$$

式中，$P(H)$是事件 H 发生的概率（即所有灯泡都烧坏）。

同样的，我们把事件 E 和 F 发生的概率代入等式（4-1），可得：

$$P(I) = 1 - [(1 - 0.03)(1 - 0.02)] = 0.0494$$

式中，$P(I)$是事件 I 发生的概率（即没有电源）。

同样的，我们把上面计算的两个概率和给定数据代入式（4-1），可得：

$$P(T) = 1 - [(1 - 0.0000084)(1 - 0.0494)(1 - 0.01)] = 0.0589$$

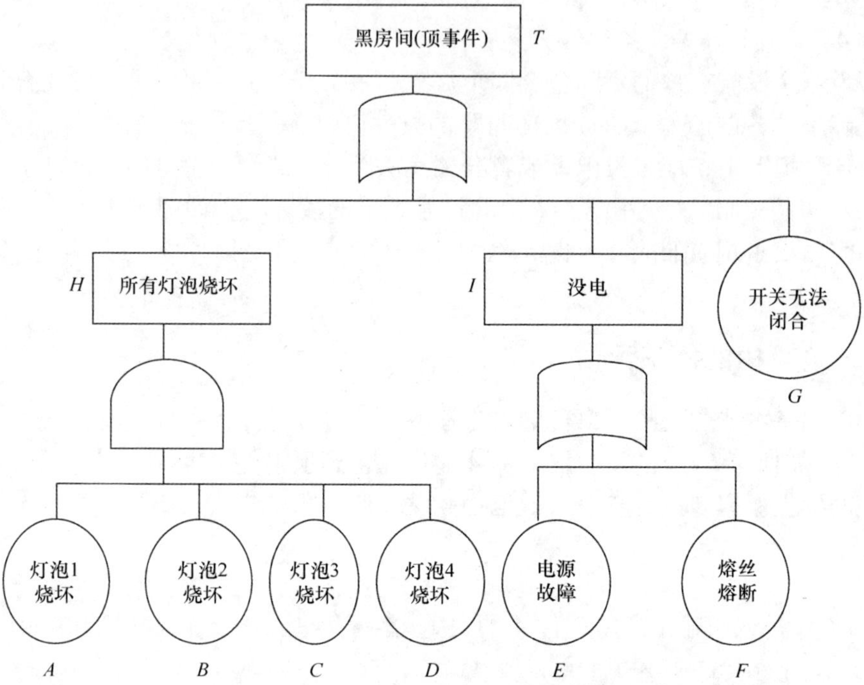

图 4-4　故障树顶事件：黑房间

因此，顶事件 T（黑房间）发生的概率为 0.0589。

4.3.2　故障树分析（FTA）的优点和缺点

FTA 有很多优点和缺点，其中优点如下：

➢ 能更容易地处理复杂的系统。

➢ 有助于强调失败的演绎过程。

➢ 要求分析师能够在开始分析之前深入了解系统特性。

➢ 提供洞察系统行为的能力。

➢ 能够每次集中分析一个特定的故障。

➢ 可以作为系统管理的图形辅助工具。

➢ 为管理者和其他人提供选择是否进行定性或定量的可靠性分析。

同时，FTA 也有缺点：

➢ 这是一个昂贵且耗时的方法。

➢ 只能在正常状态或失败状态考查零件或组件（即，部分故障状态的零件或组件很难处理）。

➢ 最终结果很难检查。

4.4 马尔科夫法

这是一个广泛使用的进行工程系统可靠性分析的方法，它是用俄罗斯数学家安德烈·马尔科夫（1856—1922）的名字命名的。该方法通常用于恒定故障率和修复率的可修复系统的建模。下面是有关该方法的假设：

➢ 所有事件都相互独立。

➢ 在有限的时间间隔 Δt 内，从一个系统状态到另一个状态的跃迁概率定为 $\theta\Delta t$，其中 θ 是从一个系统状态到另一个系统状态的跃迁率（例如，故障或修复率）。

➢ 在有限时间区间 Δt 内，从一个系统状态到另一个系统状态的多个跃迁发生的概率可以忽略不计（例如，$[\theta\Delta t][\theta\Delta t]\to 0$）。

通过求解下面的示例可说明马尔科夫法的使用方法。

例子 4.3

假设一个运输系统，可以处于工作或故障两种不同状态。其恒定的故障率和修复率分别为 λ_{ts} 和 μ_{ts}。系统状态空间图如图 4-5 所示。在框中的数字表示运输系统的状态。利用马尔科夫方法，我们能够用公式表示系统的时间依赖性、稳态有效性和无效性、可靠性及平均故障时间。

使用马尔科夫方法，我们写下状态 0 和 1 的方程，如图 4-5 所示。

$$P_0(t+\Delta t)=P_0(t)(1-\lambda_{ts}\Delta t)+P_1(t)\mu_{ts}\Delta t \tag{4-3}$$

$$P_1(t+\Delta t)=P_1(t)(1-\mu_{ts}\Delta t)+P_0(t)\lambda_{ts}\Delta t \tag{4-4}$$

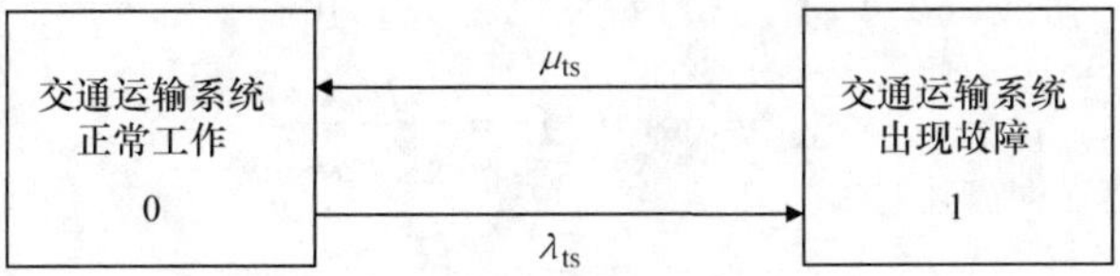

图 4-5　运输系统状态空间图

式中，$\lambda_{ts}\Delta t$ 是有限时间间隔 Δt 内运输系统故障的概率；$\mu_{ts}\Delta t$ 是有限时间间隔 Δt 内运输系统修复的概率；$P_0(t+\Delta t)$ 是在 $(t+\Delta t)$ 时刻运输系统在状态 0 运行的概率；$P_1(t+\Delta t)$ 是在 $(t+\Delta t)$ 时刻运输系统在状态 1 运行的概率；$(1-\lambda_{ts}\Delta t)$ 是有限时间间隔 Δt 内运输系统没有故障的概率；$(1-\mu_{ts}\Delta t)$ 是有限时间间隔 Δt 内运输系统没有维修的概率；$P_i(t)$ 是在 t 时刻运输系统在状态 i 运行的概率，$i=0$，1。

由式（4-3）可得：

$$P_0(t+\Delta t)=P_0(t)-P_0(t)\lambda_{ts}\Delta t+P_1(t)\mu_{ts}\Delta t \tag{4-5}$$

由式（4-5）可得：

$$\lim_{\Delta t \to 0}\frac{P_0(t+\Delta t)-P_0(t)}{\Delta t}=-P_0(t)\lambda_{ts}+P_1(t)\mu_{ts} \tag{4-6}$$

由式（4-6）可得：

$$\frac{dP_0(t)}{dt}+P_0(t)\lambda_{ts}=P_1(t)\mu_{ts} \tag{4-7}$$

由式（4-4）可得：

$$\frac{dP_1(t)}{dt}+P_1(t)\mu_{ts}=P_0(t)\lambda_{ts} \tag{4-8}$$

在 $t=0$ 时刻，$P_0(0)=1$，$P_1(0)=0$。

计算式（4-7）和式（4-8）可得：

$$P_0(t)=\frac{\mu_{ts}}{(\lambda_{ts}+\mu_{ts})}+\frac{\lambda_{ts}}{(\lambda_{ts}+\mu_{ts})}e^{-(\lambda_{ts}+\mu_{ts})t} \tag{4-9}$$

$$P_1(t)=\frac{\lambda_{ts}}{(\lambda_{ts}+\mu_{ts})}-\frac{\lambda_{ts}}{(\lambda_{ts}+\mu_{ts})}e^{-(\lambda_{ts}+\mu_{ts})t} \tag{4-10}$$

因此，运输系统的时间依赖的有效性和无效性分别为：

$$A_{ts}(t)=P_0(t)=\frac{\mu_{ts}}{(\lambda_{ts}+\mu_{ts})}+\frac{\lambda_{ts}}{(\lambda_{ts}+\mu_{ts})}e^{-(\lambda_{ts}+\mu_{ts})t} \tag{4-11}$$

和

$$UA_{ts}(t)=P_1(t)=\frac{\lambda_{ts}}{(\lambda_{ts}+\mu_{ts})}-\frac{\lambda_{ts}}{(\lambda_{ts}+\mu_{ts})}e^{-(\lambda_{ts}+\mu_{ts})t} \tag{4-12}$$

式中，$A_{ts}(t)$是运输系统时间依赖的有效性；$UA_{ts}(t)$是运输系统时间依赖的无效性。

取式（4-11）和式（4-12）中的 t 为无穷大，可得：

$$A_{ts}=\lim_{t\to\infty}A_{ts}(t)=\frac{\mu_{ts}}{\lambda_{ts}+\mu_{ts}} \tag{4-13}$$

和

$$UA_{ts}=\lim_{t\to\infty}UA_{ts}(t)=\frac{\lambda_{ts}}{\lambda_{ts}+\mu_{ts}} \tag{4-14}$$

式中，$A_{ts}(t)$是运输系统的稳态有效性；$UA_{ts}(t)$是运输系统的稳态无效性。

对于 $\mu_{ts}=0$，由式（4-9），可得：

$$R_{ts}(t)=P_0(t)=e^{-\lambda_{ts}t} \tag{4-15}$$

式中，$R_{ts}(t)$是 t 时刻的运输系统可靠性。

通过把式（4-15）在时间区间［0，∞］上积分，我们得到以下公式来表示运输系统平均故障时间[3]：

$$MTTF_{ts}=\int_0^{\infty}e^{-\lambda_{ts}t}dt=\frac{1}{\lambda_{ts}} \tag{4-16}$$

式中，$MTTF_{ts}$是运输系统的平均故障时间。

因此，运输系统的时间依赖性、稳态有效性和无效性、可靠性及平均故障时间分别由式（4-11）、式（4-13）、式（4-12）、式（4-14）、式（4-15）和式(4-16)给出。

例 4.4

假设运输系统的恒定故障率和修复率分别是 0.0004 次失败/小时和 0.0008 次修理/小时。计算运输系统在 10h 的任务中的稳态有效性和可用度。通过把给定的数据值代入式（4-13）和式（4-9），我们可得：

$$A_{ts} = \frac{0.0008}{0.0004 + 0.0008} = 0.6667$$

$$A_{ts}(10) = \frac{0.0008}{(0.0004 + 0.0008)} + \frac{0.0004}{(0.0004 + 0.0008)} e^{-(0.0004+0.0008)(10)} = 0.9960$$

因此，运输系统在 10h 的工作期间稳态有效性和可用度分别是 0.6667 和 0.9960。

4.5 危险与可操作性分析（HAZOP）

HAZOP 是一种找出设备的潜在危险和操作问题的系统化方法。它在实际应用中已被证明是一种非常有用的工具。它一般用来辨识由于种种原因引起的设备中不可预料的危险，或因为更改程序相关的条件和操作规程而被引入现有设备的危险。HAZOP 的三个基本目标如图 4-6 所示。

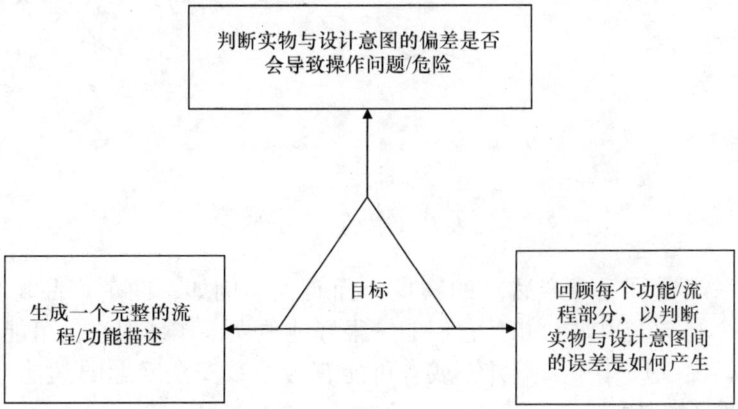

图 4-6　HAZOP 的三个基本目标

对于 HAZOP 的研究可分为下列五个步骤：

第 1 步：确定研究目标和范围。考虑所有有关因素来确定研究目标和范围。

第 2 步：组织 HAZOP 团队。成立一个 HAZOP 团队，确保团队包括在设计和运行领域具有必要经验的人，以确定偏离目标应用程序的影响。

第 3 步：收集相关信息。获取所需的图纸、文档和过程描述，包括此类物品布置图、设备规范、工艺流程图、过程控制逻辑图、操作和维护的程序，以及应急反应程序。

第 4 步：对所有主要设备件和配套的项目进行分析。利用步骤 3 中的文件来分析设备主要项目、所有配套的设备、仪器仪表和管道。

第 5 步：文档研究。记录与所规范的偏差带来的后果、偏离常态的总结，以及总结这些偏差是被视为可信的还是危险的。

4.6 接口安全性分析

接口安全分析（ISA）可以确定程序集和能够导致事故的设备/产品子系统之间的不兼容性。ISA 建立可以集成到一个可行系统的不同零件单元和正常运行的单个单元或部分，它们不会损害性能或损坏另一个部分/单位或整个系统及设备。虽然 ISA 考虑了各种关系，但主要可以将它们分为三类，如图 4-7 所示。

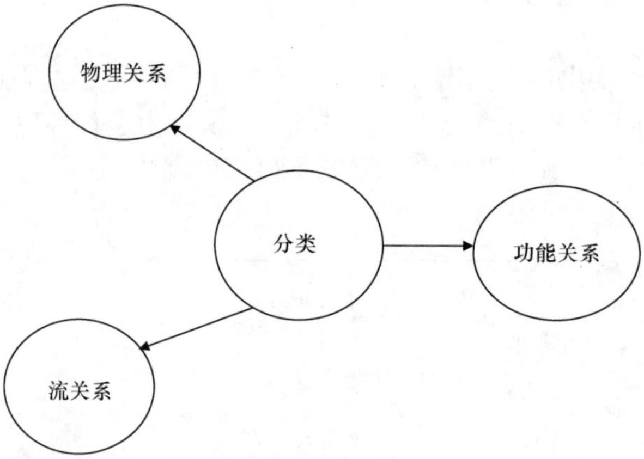

图 4-7　ISA 的关系分类

物理关系与项目（或产品）的物理方面有关。例如，两个产品可能一个设计得很好，一个制造的很好，并且它们能够很好地独立工作，但它们可能很难有效地组合在一起，由于尺寸相关差异，或者可能有会导致安全问题的其他不兼容问题。其他问题的例子如下：

➢ 不能有效地紧固、配合或加入另一部分。

➢ 无法装配。

➢ 单元之间的间隙很小，因此在拆除过程中可能会损坏单元。

流关系涉及两个或多个单位或项目。例如，两个个体/单元之间的流可能涉及空气、蒸气、燃料、润滑油、水或电力能源。此外，流场也可能是不受约束的，例如热辐射从一个个体/团体到另一个个体/团体。从经验来看，适当的流场能量和流体由受限的通道从一个单元到另一个单元，可能会导致与安全有关的问题。

与流相关的问题原因包括单元与总体之间的连接错误或局部互连故障。对于流体而言，从安全角度必须要小心考虑的因素包括易燃性、压力性、毒性、润滑性、污染性和异味问题。

功能关系涉及多个单位或项目。例如，在一个单位的输出是下游设备的输入的情况下，输入和输出的任何错误，可能造成下游设备的损坏，从而发生安全问题或危险。这种输出可能是退化的输出、未编程的输出、零输出、过度输出和不稳定输出。

4.7 初步危害性分析（PHA）

在概念设计阶段，初步危害性分析（PHA）是广泛使用的方法。这是在缺乏明确信息，如功能流图和其他图表时，所使用的非结构化方法。该方法已被证明是一种有效的工具，在所有必要数据不可获取时，该方法用来初步查明和消除可能的危险，其结果对潜在的详细分析也有一定的指导作用。

4.8 工作安全性分析（JSA）

此方法是发现和纠正在工作场所中固有的潜在危害。通常情况下，安全专业人员、工人、主管及管理者都应参加工作安全性分析（JSA）。JSA 分为五个步骤：

第 1 步：选择所要分析的工作。

第 2 步：把工作分解成多个任务或步骤。

第 3 步：找出所有潜在的危险，并确定必要的行动来控制这些危险。

第 4 步：采取行动来控制危害。

第 5 步：评估控制效果。

请注意，JSA 的成功取决于 JSA 团队在分析过程中的严格程度。有关 JSA 的其他信息可查阅相关文献。

4.9 业务审查技术（TOR）

此方法是在 20 世纪 70 年代早期由美国安全工程师协会的 D. A. Weaver 开发出来的。它旨在找出不良事件的系统原因，而不是指责有关安全方面的问题。该方法允许工人和管理者联合开展工作，分析工作场所的事故、意外和失败。因此，TOR 只可称为一种实践分析方法，用于识别由根系统引起的操作失败的原因。

该方法使用工作表，里面包含简单术语，并要求决定危险是（或否）由发生

第 5 章 交通运输系统故障

5.1 简介

每年全球花费数十亿美元开发、制造和经营交通运输系统，如航空运输系统、公路运输系统、铁道运输系统、船舶运输系统。这些系统每年也在世界范围内运载数十亿吨的货物和数十亿旅客。据国际航空运输协会（IATA）的统计，全球航空公司每年运载的商务和旅行乘客就超过 16 亿名。

然而，运输系统故障已经成为一个重要的问题，因为它们可以直接或间接影响全球经济和环境，以及运输的可靠性和安全性。在安全性方面，仅公路运输系统的故障每年都会在全球范围内造成大量的伤亡。

本章将介绍关于飞机、机动车、铁路和船舶故障的各个重要方面的情况。

5.2 机械故障有关的航空事故

有许多航空事故是由机械故障或与机械相关的飞行员过失引起的（机械相关的飞行员过失是指飞行员的过失是发生事故的实际原因，但是飞行员的过失是由于一些机械故障引发）。有一项关于全世界 1300 架商务飞机（即不包括限载 10 人及以下的飞机和直升机）的致命交通事故的研究发现，在 1950—2008 年期间，由于机械故障而造成的事故有 134 起，由于机械相关的飞行员过失而造成的事故有 25 起。值得注意的是，这两种类型事故的起因不属于常规事故原因。表 5-1 是这两种类型事故每十年的发生次数统计结果。

表 5-1 由机械故障和机械相关的飞行员过失导致的世界商务飞机每十年致命事故数（1950—2008）

事故起因	时间段（事故数量）					
	1950—1959	1960—1969	1970—1979	1980—1989	1990—1999	2000—2008
机械故障	21	20	23	21	21	28
机械相关的飞行员过失	7	5	4	2	4	3

下面简要介绍一些由于机械故障引起的飞机事故：

➢ 美国航空公司 427 事故。这次事故发生在 1994 年 9 月 8 日，是美国航空公司 427 次航班发生失事（机型：波音公司 737 – 387）。该航班预定从芝加哥机场飞往佛罗里达州西棕榈滩，途经宾夕法尼亚匹兹堡。飞机因方向舵装置故障而失事，造成 132 人死亡。

➢ 土耳其航空公司 981 事故。这次事故发生在 1974 年 3 月 3 日，是土耳其航空公司 981 次航班失事（飞机类型：麦克道格拉斯 DC – 10 – 10），飞机预定从土耳其伊斯坦布尔飞往英国伦敦希思罗机场，途经法国巴黎。飞机由于货物舱口盖和控制电缆故障而坠毁，造成 346 人死亡。

➢ 美国航空公司 585 事故。这次事故发生在 1991 年 3 月 3 日，是美国航空公司 585 次航班失事（飞机类型：波音 737 – 291）。该航班预定从科罗拉多州丹佛市的斯台普顿国际机场，飞往科罗拉多州科罗拉多斯普林斯。飞机因方向舵故障而坠毁，造成 25 人死亡。

➢ 洛杉矶航空 841 事故。这次事故发生在 1968 年 5 月 22 日，是洛杉矶航空公司 841 次航班失事（飞机类型：西科斯基 S – 61L 直升机）。该航班预定从阿纳海姆的迪斯尼乐园直升机场飞往加利福尼亚州的洛杉矶国际机场。飞机因叶片转子系统故障而坠毁，造成 23 人死亡。

➢ 英国海外航空公司（BOAC）781 事故。这次事故发生在 1954 年 1 月 10 日，是英国海外航空公司 781 次航班失事（飞机类型：德哈维兰 DH106 彗星Ⅰ）。该航班预定从新加坡加冷机场飞往英国伦敦希思罗机场，途经意大利罗马。飞机由于座舱压力系统故障而坠毁在地中海，造成 35 人死亡。事故前反复的加减压已经使飞机座舱产生金属疲劳。

➢ 美国航空公司 859 事故。这次事故发生在 1961 年 7 月 11 日，是美国航空公司 859 次航班失事（飞机类型：道格拉斯 DC – 8 – 20）。该航班预定从内布拉斯加州的奥马哈飞往科罗拉多州丹佛的斯台普顿国际机场。飞机由于液压系统故障而在斯台普顿国际机场降落时坠毁，造成 18 人死亡 84 人受伤。

➢ 1986 年英国国际直升机公司奇努克事故。这次事故发生在 1986 年 11 月 6 日，是英国国际直升机公司的飞行员驾驶的波音 234LR 运输直升机失事。该直升机由于水平环形齿轮正向传输故障，而在英国设得兰群岛的萨姆堡机场降落时坠海。这次事故造成 45 人死亡 2 人受伤。

➢ 泛美航空 6 事故。这次事故发生在 1956 年 10 月 16 日，是泛美航空公司（PanAm）6 次航班失事（飞机类型：波音 377）。该航班预定从夏威夷的檀香山飞往加利福尼亚州的旧金山。飞机经过太平洋时四个发动机中有两个故障而致使飞机迫降。幸运的是没有乘客死亡。

5.3 车辆故障分类及汽车零件缺陷

客车的故障形式可分为以下四类：

➢ 第一类。在这种情况下，故障车需降低速度，但可以继续行驶到最近的车站，到站后所有的乘客都必须下车，然后再去修理车辆。

➢ 第二类。在这种情况下，故障车只能停车，并且不能由旁边的车辆进行推/拖，只能等待救援车辆到达。

➢ 第三类。在这种情况下，故障车可以继续行驶到最近的车站，到站后所有的乘客必须下车，然后去修理车辆。

➢ 第四类。在这种情况下，故障车停止并可由相邻车辆拖或者推到最近的车站，到站后所有乘客下车，故障车由维修车拖走。

汽车由许多部件和子系统组成，如制动装置、发动机、变速器、转向装置、离合器和车轮。部件和子系统的故障可导致汽车故障。下面将讨论各个汽车部件可能发生的故障形式及原因。

➢ 转向系统故障。这些故障可导致严重的机动车事故。转向系统故障的发生原因可能是设计缺陷、维修不良、制造误差、检验不当及其他故障对转向系统的影响。

➢ 车轮故障。这些故障与其他的车辆关键故障同样重要，它可能导致严重的事故。根据林佩特的研究，大约 1300 ~ 2200 个货车轮胎中，就会有一个存在缺陷而导致事故。美国工业安全机构的调查结果显示，约有 7% ~ 13% 的牵引车和挂车有过至少一个轮胎出现故障的情况。车轮故障的原因可能是设计不良、制造时操作不当和虐待性的操作。

➢ 制动故障。在普通的驾驶环境中，汽车制动系统中零件故障一般只在零件出现损坏或者严重磨损、退化时发生。制动故障可分为四类：盘式制动系统故障、鼓式制动系统故障、空气制动系统故障。

盘式制动系统故障包括过度磨损、制动力过低（或为零）和制动踏板行程过长。鼓式制动系统的故障包括制动管路堵塞、制动不平衡、制动性能过低、踏板过硬、制动时噪声太大、制动踏板会碰及车厢底板和车辆行驶时制动器升温而导致温度过高等。

空气制动系统故障包括制动力为零或过低、制动反应迟钝、释放制动过慢、压力积累过慢等。

另外，常见的盘式和鼓式制动系统故障类别还包括制动踏板振动、踏板过软或过硬、制动失效等。

5.4 铁轨缺陷与铁轨焊接故障

轨道的耐磨性能主要由轨道材料的硬度决定，也与轨道受到的应力有关，包括弯曲应力、残余应力、热应力和接触应力。这些应力会导致轨道缺陷，甚至最终导致轨道失效。

弯曲应力作用于垂直方向或水平方向，其中垂直方向的应力主要是在轨道梁上的压力和轨道基上的拉力。残余应力一般在制造过程中产生，而热应力一般在轨道无缝焊接过程中产生，接触应力来自车轮荷载和牵引、转向和制动操作。

轨道缺陷可分为以下三类：

➢ 制造缺陷。这些缺陷源于铁轨制造过程。

➢ 与安装和使用相关的缺陷。这些缺陷可能因安装不当、车轮过热或意外划痕而产生。

➢ 与金属力学性能降低、负荷过大相关的缺陷。这些缺陷包括常见的铁轨缺陷、非法占用轨道和首次检查时对轨道的破坏。

为减少铁轨缺陷的发生，人们使用各种方法来检测铁轨的伤损。这些方法包括轨道维修人员的目视检查、超声波探伤、涡流探伤、探地雷达、阻抗谱和电磁声换能器检测方法等。

铁路系统中无缝轨道（CWR）的建设是非常必要的，它能减少振动和噪声、提高轨道质量，并减少轨道养护维修的成本。多年来，大量铁路事故都是由于铁轨焊缝的缺陷引起的。因此，保证焊缝质量非常重要。消除焊缝中的缺陷也能够延长无缝轨道的使用寿命。

经验表明，大多数铁轨焊缝缺陷都源于焊缝的不连续性，而熔焊往往会造成焊缝的不连续。因此，埋弧焊接（EA）和铝热焊接（TW）等熔焊技术并没有闪光焊（FW）和气体压力焊接（GP）等压力焊技术可靠。为消除铁轨焊接的缺陷，我们需要采用适当的焊接工艺、良好的焊接条件，选用受过良好训练的焊接技术人员来完成焊接作业，并使用准确的检验方法去检查焊接质量。

5.5 通勤铁路服务延误相关的机械故障

北美的许多城市都建有通勤铁路。一般来说，通勤列车延误的主要原因是机械故障。根据尼尔森和奥尼尔的研究，大约十分之一的通勤铁路服务延误是由于机械原因造成的，可能的机械原因如下：

➢ 车轮故障。

➢ 牵引电动机故障。

➢ 控制系统出现问题。

➢ 配电系统出现问题。
➢ 动力系统故障。
➢ 电源出现故障。
➢ 驾驶员出现问题。

纳尔逊和奥尼尔在研究中提出通勤者由于各种铁路设备故障而延误的百分比如下：

➢ 20%：动力系统出现故障引起的延误。
➢ 13%：制动系统故障引起的延误。
➢ 7%：客运照明、采暖、通风和空调等相关的电力系统故障引起的延误。
➢ 7%：与门、窗、厕所和刮水器等相关的故障引起的延误。
➢ 5%：车轮和车轴出现故障引起的延误。
➢ 2%：牵引电动机故障引起的延误。
➢ 2%：控制系统故障引起的延误。
➢ 2%：电气连接故障引起的延误。
➢ 42%：其他故障引起的延误。

5.6 铁路及公路油罐车的故障模式及故障后果

铁路及公路油罐车的用途是运输液化气体或其他危险液体。多年来，油罐车发生了很多严重事故。事故可能是由以下汽车部件故障而引起：外壳、泵、阀门、检查盖、容器和分支机构的连接处，包括仪器的连接处等。

铁路及公路油罐车的故障形式可分为三个主要类别，如图 5-1 所示。

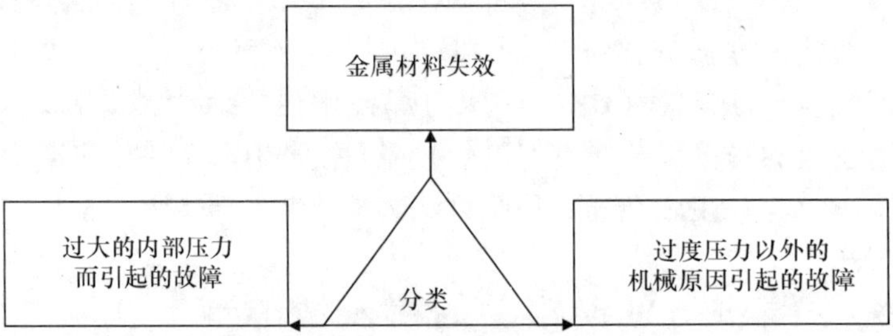

图 5-1　铁路及公路油罐车的主要故障形式

由于过大的内部压力而导致故障的主要原因有：异常的气象条件、火焰冲击、液体容器的蒸气压力高出设计标准、液压管道破裂后液体溢出和内部物质发生化学反应，如分解反应或聚合反应。

过度压力以外引起机械故障的原因主要有：一般性磨损、油罐车与另一辆车相撞、车辆被非法改装、车辆与桥梁等固定结构碰撞及外部的爆炸导致车辆损毁。

最后，油罐车金属材料失效的主要原因有：金属疲劳、金属侵蚀、金属腐蚀（内部或外部）、油罐设计或制造不合规范、使用不当或用料不足、由于化学作用或不按规范使用油罐车而导致金属脆化。

铁路及公路油罐车失控会导致各种各样的后果，后果的性质与图 5-2 中所示的五个因素有关，包括周围环境的性质、运载物的物理状态、泄漏的位置和量、运载物的分散机制和运载物的化学性质。更多信息可查阅 Marshall 的文章。

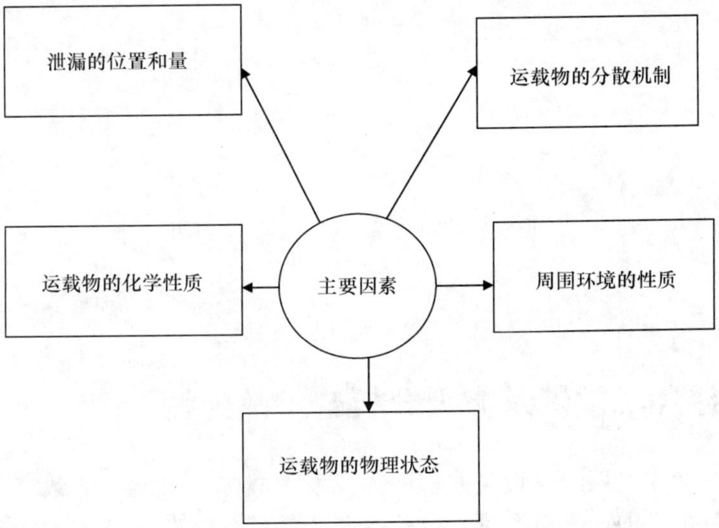

图 5-2　影响铁路及公路油罐车失控后果的主要因素

5.7　船舶故障及其原因

航运业的船舶种类繁多，有油轮、运载船、散货船、集装箱船等。这些船舶包含各种类型的系统、设备和组件，它们同样会发生故障。下面是设备发生故障的情况举例：

- 泵故障。
- 推进系统故障。
- 油箱故障。
- 传感器故障。
- 管道故障。
- 焊件缺陷。
- 锅炉故障。
- 换热器故障。

不同故障可能会导致不同的后果。有许多因素可以引发船舶发生故障，一些常见的故障因素如图 5-3 所示。

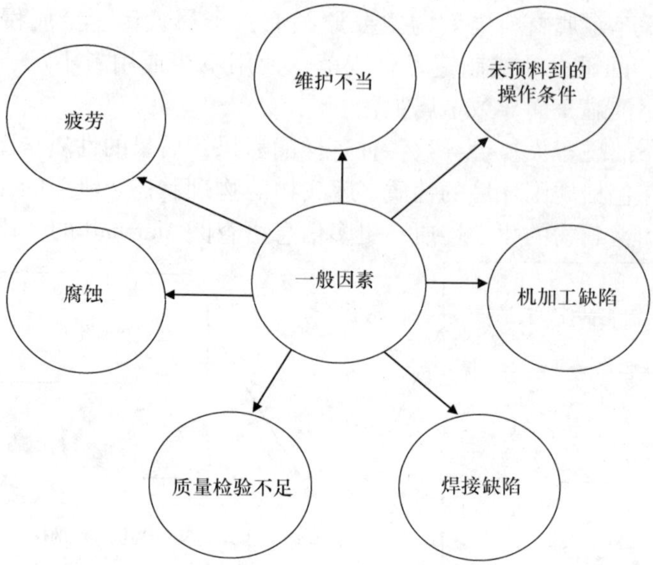

图 5-3　船舶故障的一般因素

5.8 海洋环境故障及微观分析技术故障调查

在海洋中运作的系统、设备或部件如果发生故障，可能会导致灾难性的后果。通常在船舶沉没之前，一些系统、设备或部件会先出现故障。故障机理可能是机械的、电气的、化学的或热学的等。

机械故障可能是一艘船与另一艘船碰撞等而导致；电气故障可能是退化的船舶推进电动机的内部局部放电的结果；化学类的故障可能是由于船上设备维护不当，配件被腐蚀的结果；热学故障可能是电气设备的绝缘层损坏，导体发热而发生故障。

现代船舶中含有许多聚合物材料的部件或组件，如加压密封装置和电气绝缘装置，还有一些装置在船舶运行中也是至关重要的。许多微量分析技术在涉及聚合物的故障调查中非常有效，因此本节将介绍常用的微量分析技术。

5.8.1　差示扫描量热法

差示扫描量热法（DSC）可以检测聚合物的热流量。因为通过监测热流量可以测算出温度，所以我们就可以有效地获得相变过程的温度，比如结晶熔融温度和玻璃化转变温度。在确定一种聚合物在操作温度下的性能时，该技术也非常实用。

在司法鉴定中，我们也可以借助该技术来确定聚合物的最高温度。它可以确定设备（系统或部件）在服役期间是否出现过热。该技术也可以用来确定聚合物的热稳定性，通过测定氧化感应时间或温度来确定热稳定性。

5.8.2　热机械分析法

热机械分析可测量样品体积或长度随温度和（或）时间的变化。该技术通常用于确定热膨胀系数，以及聚合物或复合材料的玻璃化转变温度。测试时，工作人员会以一个受控的速度加热样品，测试探头将在试样的表面进行垂直运动，并不断监测样品参数。

5.8.3 傅里叶变换红外光谱法

傅里叶变换红外光谱法可识别和表征聚合物材料及其添加剂。它可以方便地检测样品的缺陷，以及测定包裹在塑料薄膜中的物质或已成型零件的材料。更多技术信息可查阅 Dean 的文献。

5.8.4 热重分析法

热重分析法能够测量样本质量随时间或温度的变化。该技术可用于确定聚合物的降解温度、吸收的水的量、有机溶剂残留量水平、无机的（即不可燃的）填料在聚合物或复合材料中的比例等。这项技术也可用于以聚合物为基础的复杂产品的成分分析。

5.9 潜艇船舶控制系统的性能监控和故障定位过程及优点

潜艇中可以配备各种类型的船舶控制系统。海狼潜艇配备的船舶控制系统代表了此类系统目前的工艺水平。该系统有许多特点，它配备了容错计算机，并具有自动控制模式和平板操作显示功能。高速数据总线允许船舶控制系统与数据分发系统、惯性传感器与作战系统进行快速的数据传输。此外，硬件冗余和性能监控软件可让系统在船舶传感器、电子控制和驱动系统故障后，迅速地恢复正常工作状态。

故障发生后，完全独立的计算机将进行故障定位、实现高效修复并复位冗余的系统。容错计算机上的性能监控软件系统将利用传感器和系统数学模型来检测故障。实时诊断测试将在故障时启动，它会搜索合适的数据传输路径，并收集故障定位所需要的数据。

通过激活性能监视、配置冗余部件和高效数据传输路径，我们可以修复系统的故障/失效。发生严重故障时，性能监视系统会将所有相关的船舶控制系统的控制权移转给备用应急系统。更多信息可查阅 Hammett 的文章。

性能监测/故障定位功能的主要优点如下：

- 能够提高潜艇效率。
- 能够降低所需的维修程度。
- 能够减少故障时需要立即采取的行动措施。
- 能够简化船舰控制系统部分故障时的诊断过程。
- 能够减少船舶上机械的潜在损害。
- 能够防止因未及时预防机器故障而导致的严重意外伤亡事故。

习 题

1. 讨论以下与机械故障有关的航空事故：
   a. 美国航空公司 859 事故
   b. 美国航空公司 427 事故
   c. 土耳其航空公司 981 事故
2. 讨论车辆故障的分类。
3. 讨论以下与车辆相关的故障形式：
   a. 转向系统故障
   b. 制动系统故障
4. 讨论铁轨缺陷的分类。
5. 讨论铁轨焊缝缺陷。
6. 讨论一下与机械故障有关的通勤火车服务延误。
7. 铁路及公路油罐车的三个主要故障形式是什么？并描述一下每种故障形式的详细情况。
8. 铁路及公路油罐车事故的性质及后果的主要影响因素有哪些？
9. 船舶故障的常见原因有哪些？
10. 详细描述以下两项技术：
   a. 热机械分析技术
   b. 差示扫描量热法

参考文献

[1] IATA. 2006. Fast facts: The air transport industry in Europe has united to present its key facts and figures. International Air Transport Association, Montreal, Canada. www.iata.org/pressroom/economics.facts/stats/2003-04-10-01.htm accessed date March 2008.
[2] Jacobs, G., A. Aeron-Thomas, and A. Astrop. 2000. Estimating global road fatalities. Report No. TRL 445. Transport Research Laboratory, Wokingham, U.K.
[3] Pearce, T., and D. A. C. Maunder. 2000. The causes of bus accidents in five emerging nations. Transport Research Laboratory, Wokingham, U.K.
[4] Planecrashinfo.com. 2009. Causes of fatal aviation accidents by decade. www.planecrashinfo.com/cause.htm.
[5] Byrne, G. 2002. *Flight 427: Anatomy of an air disaster*. New York: Springer-Verlag.
[6] Johnston, M. 1976. *The last nine minutes: The story of Flight 981*. New York: Morrow.
[7] NTSB. 1992. Aircraft accident report: United Airlines Flight 585. Report No. AAR92-06. National Transportation Safety Board, Washington, D.C. http://libraryonline.erau.edu/online-full-text/ntsb/aircraft-accident-reports/AAR92-06.pdf.
[8] Gero, D. 1993. *Aviation disasters*. Sparkford, U.K.: Patrick Stephens Ltd.

[9] Stewart, S. 1986. *Air disasters*. London: Arrow Books.
[10] CAB. 1962. United Airlines Flight 859. Aircraft Accident Report No. SA-362 (file 1-0003). Civil Aeronautics Board, Washington, D.C.
[11] AAIB. 1988. Report on the accident to Boeing Vertol (BV) 234LR, G-BWFC 2.5 miles east of Sumburgh, Shetland Isles, 6 November 1986. Report No. 2. Air Accidents Investigation Branch, Aldershot, U.K.
[12] DOT. 1957. Pan Am Flight 6 (Registration No. 90943). Accident Investigation Report File No. 1-0121. Department of Transportation, Washington, D.C.
[13] Anderson, J. Edward. 1978. *Transit systems theory*. Lexington, Mass.: D. C. Heath.
[14] Limpert, R. 1982. *Vehicle system components: Design and safety*. New York: John Wiley and Sons.
[15] Dhillon, B. S. 1988. *Mechanical reliability: Theory, models, and applications*. Washington, D.C.: American Institute of Aeronautics and Astronautics.
[16] Labropoulos, K. C., P. Moundoulas, and A. Moropoulou. 2006. Methodology for the monitoring, control and warning of defects for preventive maintenance of rails. In *Computers in railways X*. Vol. 88, *WIT transactions on the built environment*, 935–944. London: WIT Press.
[17] Cannon, D. F., K. O. Edel, S. L. Grassie, and K. Sawley. 2003. Rail defects: An overview. *Fatigue and Fracture of Engineering Materials and Structures* 26 (10): 865–886.
[18] Fukada Y., R. Yamamoto, H. Harasawa, and H. Nakanowatari. 2003. Experience in maintaining rail track in Japan. *Welding in the World* 47:123–137.
[19] Tatsumi, M., Y. Fukada, K. Veyama, H. Shitara, and R. Yamamoto. 1997. Quality evaluation methods for rail welds in Japan. In *Proceedings of the World Congress on Railway Research*, 197–205.
[20] Nelson, D., and K. O'Neil. 2000. Commuter rail service reliability: On-time performance and causes for delays. *Transportation Research Record* 1704:42–50.
[21] Marshall, V. C. 1989. Modes and consequences of the failure of road and rail tankers carrying liquefied gases and other hazardous liquids. In *Reliability on the move*, ed. G. B. Guy, 136–148. London: Elsevier Science.
[22] Dean, R. J. 2009. *Investigation of failures in marine environment*. Leatherhead, Surrey, U.K.: ERA Technology Ltd.
[23] Hammett, R. 1997. Seawolf ship control: Experience with performance monitoring and fault localization. In *Proceedings of the 11th Ship Control Systems Symposium*, 305–317.

第 6 章 交通系统可靠性模型

6.1 简介

数学建模是工程领域中一种用来进行各类分析的常用方法。在这种情况下，项目的所有成分可以由理想的元素组成，设想这些元素有着现实生活成分的典型特征，并且它们的行为可以用方程来描述。然而，一个数学模型实际具有的自由度取决于对其施加的假设类别。

近年来，大量的数学模型被用于进行各种工程系统中的可靠性相关分析。这些模型中大多数都应用马尔科夫法进行研究。尽管这些模型在各种情形中的应用效果不尽相同，但是其中的一些模型在工业部门的各种现实环境中的应用都非常成功。因此，其中一些模型可以用来研究交通系统可靠性相关的问题。

本章将为读者介绍一些数学模型，这些模型在进行交通系统可靠性相关问题的分析中，都可起到直接或间接帮助的作用。

6.2 模型一

这种数学模型表示一个三态交通系统，车辆在这种系统中可能处于任意一种状态：车辆正常运行状态，车辆故障状态和故障车辆在车间维修状态。故障车辆从工作场地被带到维修车间，维修车辆后恢复正常的运行状态。

图 6-1 所示是系统状态空间图。方框和圆圈中的数字代表了系统的状态。下面是该模型相关的假设：

➢ 车辆故障率、牵引率和维修率是常数。

➢ 车辆故障独立发生。

➢ 维修好的车辆性能如同新车。

下面是图 6-1 中的符号：

i 代表车辆或者交通系统的第 i 种状态，其中 i 等于 0 表示车辆运行正常状态，i 等于 1 表示车辆故障状态，i 等于 2 表示故障车辆在车间维修状态。

λ_1 代表车辆的恒定故障率。

λ_2 代表车辆在第一种状态中的恒定牵引率。

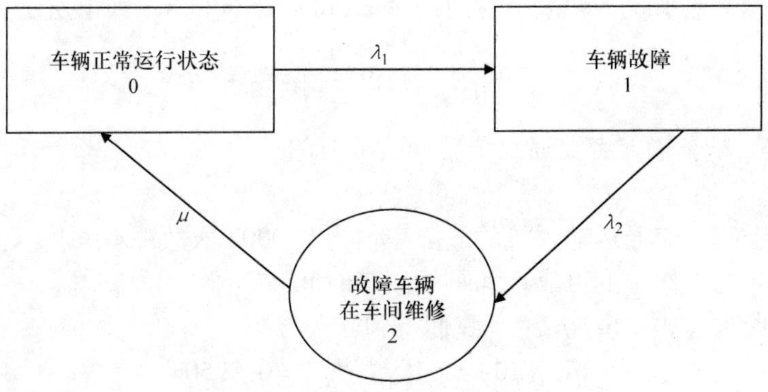

图 6-1　模型一的状态空间图

μ 代表车辆恒定的维修率。

$P_t(t)$代表了在 t 时刻车辆或者交通系统处于第 i 种状态的概率，$i=0$，1，2。

应用马尔科夫法，我们可写出如下方程：

$$\frac{dP_0(t)}{dt}+\lambda_1 P_0(t)=\mu P_2(t) \tag{6-1}$$

$$\frac{dP_1(t)}{dt}+\lambda_2 P_1(t)=\lambda_1 P_0(t) \tag{6-2}$$

$$\frac{dP_2(t)}{dt}+\mu P_2(t)=\lambda_2 P_1(t) \tag{6-3}$$

当 $t=0$ 时，$P_0(0)=1, P_1(0)=0, P_2(0)=0$。

通过求解方程（6-1）至（6-3），我们得到以下稳态随机方程：

$$P_0=\left[1+\frac{\lambda_1}{\lambda_2}+\frac{\lambda_1}{\mu}\right]^{-1} \tag{6-4}$$

$$P_1=(\frac{\lambda_1}{\lambda_2})P_0 \tag{6-5}$$

$$P_2=\left(\frac{\lambda_1}{\mu}\right)P_0 \tag{6-6}$$

式中，P_0、P_1 和 P_2 分别是车辆或者交通系统在 0、1 和 2 状态下处于稳态的可能性。

车辆或交通系统稳态可能性由下式表示：

$$AV_{VS}=P_0 \tag{6-7}$$

式中，AV_{VS}是车辆或者交通系统处于稳态的可能性。

式（6-1）至（6-3）中 $\mu=0$，求解方程结果是：

$$R_{VS}(t)=P_0(t)=e^{-\lambda_1 t} \tag{6-8}$$

式中，$R_{VS}(t)$是车辆或者交通系统在 t 时刻的可靠性。

车辆或者交通系统平均故障时间（Mean time to failure）如下所示：

$$MTTF_{VS} = \int_0^\infty R_{VS}(t)\,dt = \int_0^\infty e^{-\lambda_1 t}\,dt = \frac{1}{\lambda_1} \tag{6-9}$$

式中，$MTTF_{VS}$是车辆或者交通系统平均故障时间。

例 6.1

假设一个三态交通运输系统的故障率恒为 0.0005 次故障/小时。计算这个交通系统一次 10h 的工作中的可靠性和平均故障时间。

将数据代入公式（6-8）中，我们得到：

$$R_{VS}(10) = e^{-(0.0005)(10)} = 0.9950$$

将相应的数据代入公式（6-9），

$$MTTF_{VS} = \frac{1}{0.0005} = 2000\text{h}$$

因此，该交通系统的可靠性和平均故障时间分别是 0.9950 和 2000h。

6.3 模型二

这种数学模型表示一个四态交通系统，车辆可能处于四种状态的任意一种：车辆运行正常状态、车辆功能退化状态、车辆故障状态和故障或退化车辆在车间维修状态。更特别的是，在这种情况下，运行中的车辆有可能由于某些部分功能的故障而退化。如果车辆退化严重，将被送往维修车间，否则可以继续运行。

车辆在正常运行状态或者退化状态都可能出现故障。故障车辆被送到维修车间。完全维修好的车辆可以恢复正常运行状态。同样的，部分维修的车辆可能恢复到退化运行状态。

系统空间状态图如图 6-2 所示。方框和圆圈中的数字代表系统的状态。

下面是该模型相关的假设：

- 车辆的故障率、退化率、牵引率和维修率是常数。
- 所有的车辆故障独立发生。
- 维修好的车辆性能如同新车。

以下是该模型相关的符号：

i 代表车辆或者交通系统的第 i 种状态，其中 i 等于 0 表示车辆运行正常状态，i 等于 1 表示车辆退化状态，i 等于 2 表示车辆故障状态，i 等于 3 表示车辆在维修车间。

λ_1 表示车辆从状态 0 到状态 1 恒定的退化率。

λ_2 表示车辆从状态 1 到状态 2 恒定的故障率。

λ_3 表示车辆从状态 0 到状态 2 恒定的故障率。

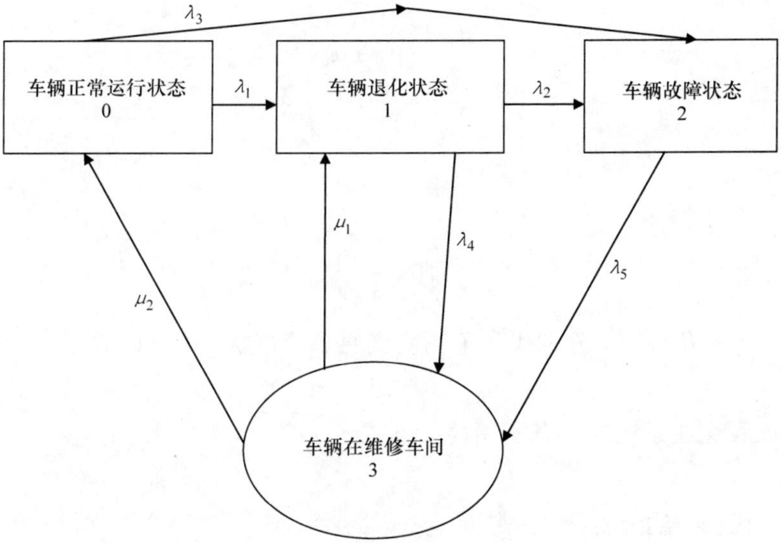

图 6-2　模型二的空间状态图

λ_4 表示车辆从状态 1 到状态 3 恒定的转换率。

λ_5 表示车辆从状态 2 到状态 3 不变的牵引率（包括通过其他方式将车辆送往维修车间的比例）。

μ_1 表示车辆从状态 3 到状态 1 的恒定维修率。

μ_2 表示车辆从状态 3 到状态 0 的恒定维修率。

$P_i(t)$ 表示车辆或者交通系统在时间 t 处于 i 状态的概率，$i=0$，1，2，3。

通过马尔科夫法，我们得到如下的方程：

$$\frac{\mathrm{d}P_0(t)}{\mathrm{d}t}+(\lambda_1+\lambda_2)P_0(t)=\mu_2P_3(t) \tag{6-10}$$

$$\frac{\mathrm{d}P_1(t)}{\mathrm{d}t}+(\lambda_2+\lambda_4)P_1(t)=\lambda_1P_0(t)+\mu_1P_3(t) \tag{6-11}$$

$$\frac{\mathrm{d}P_2(t)}{\mathrm{d}t}+\lambda_5P_2(t)=\lambda_3P_0(t)+\lambda_2P_1(t) \tag{6-12}$$

$$\frac{\mathrm{d}P_3(t)}{\mathrm{d}t}+(\mu_1+\mu_2)P_3(t)=\lambda_4P_1(t)+\lambda_5P_2(t) \tag{6-13}$$

$t=0$ 时，$P_0(0)=1$，$P_1(0)=0$，$P_2(0)=0$，$P_3(0)=0$。

通过求解方程（6-10）至（6-13），我们得到以下的稳态概率方程：

$$P_0=[1+B_2+B_3+B_4]^{-1} \tag{6-14}$$

式中，

$$B_2=\frac{\lambda_1+\lambda_3B_1}{(\lambda_2+\lambda_4)(1-B_1)} \tag{6-15}$$

$$B_1=\frac{\mu_1}{(\mu_1+\mu_2)} \tag{6-16}$$

$$B_3=(\lambda_3+\lambda_2B_2)/\lambda_5 \tag{6-17}$$

$$B_4=\frac{(\lambda_4B_2+\lambda_5B_3)}{(\mu_1+\mu_2)} \tag{6-18}$$

$$P_1=B_2P_0 \tag{6-19}$$

$$P_2=B_3P_0 \tag{6-20}$$

$$P_3=B_4P_0 \tag{6-21}$$

式中，P_0、P_1、P_2 和 P_3 分别代表车辆或交通系统在状态 0、1、2 和 3 下处于稳态的概率。

车辆或者交通系统的稳态实用性如下：

$$AV_{VS}=P_0+P_1 \tag{6-22}$$

式中，AV_{VS}代表车辆或者交通系统的稳态实用性。

方程（6-10）至（6-13）中 $\mu_1=\mu_2=0$，求解结果方程，我们得到：

$$R_{VS}(t)=P_0(t)+P_1(t)=(1+A)\mathrm{e}^{-(\lambda_1+\lambda_3)t}-A\mathrm{e}^{-(\lambda_2+\lambda_4)t} \tag{6-23}$$

式中，$$A=\frac{\lambda_1}{(\lambda_2+\lambda_4-\lambda_1-\lambda_3)};$$

$R_{VS}(t)$表示车辆或者交通系统在时间 t 的可靠性。

车辆或者交通系统的平均故障时间如下：

$$\begin{aligned} MTTF_{VS} &= \int_0^\infty R_{VS}(t)\,\mathrm{d}t \\ &= \frac{(\lambda_1+\lambda_2+\lambda_4)}{(\lambda_1+\lambda_3)(\lambda_2+\lambda_4)} \end{aligned} \tag{6-24}$$

式中，$MTTF_{VS}$表示车辆或者交通系统的平均故障时间。

例 6.2

假设在图 6-2 中相关参数为以下数值：

$$\lambda_1=0.004$$

$$\lambda_2=0.006$$

$$\lambda_3=0.002$$

$$\lambda_4=0.003$$

计算车辆或者交通系统的平均故障时间。

将所给数值代入式（6-24），得到：

$$MTTF_{VS}=\frac{(0.004+0.006+0.003)}{(0.004+0.002)(0.006+0.003)}=240.74\text{h}$$

因此，车辆或者交通系统的平均故障时间是 240.74h。

6.4 模型三

这种数学模型代表一种四状态的交通系统，在这种系统中车辆可能处于四种状态的任何一种：车辆运行正常状态、车辆安全失控状态、车辆发生事故后的故障状态以及车辆在维修车间状态。故障车辆被送往维修车间，维修好的车辆恢复正常运行状态。

图 6-3 是系统空间状态图，方框和圆圈中的数字代表系统的状态。

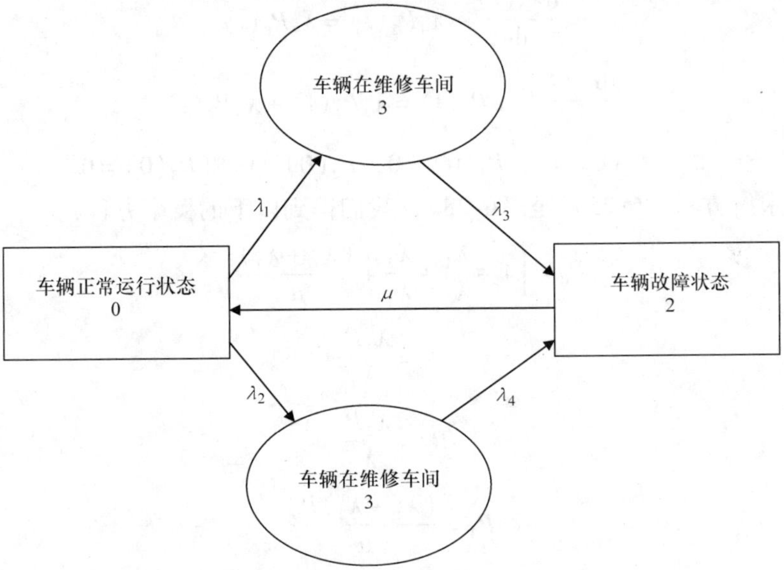

图 6-3　模型三的空间状态图

以下是与该模型相关的假设：

➢ 车辆安全故障率、事故故障率、牵引率和维修率都是恒定的。

➢ 车辆的故障独立发生。

➢ 维修好的车辆和新车性能一样。

以下是与模型空间状态图相关的符号：

i 表示车辆或交通系统处于第 i 种状态，式中 i 等于 0 表示车辆运行正常状态，

i 等于 1 表示车辆安全故障状态，i 等于 2 表示车辆事故故障状态，i 等于 3 表示故障车辆在维修车间。

λ_1 表示车辆安全故障的恒定故障率。

λ_2 表示车辆事故故障的恒定故障率。

λ_3 表示车辆状态 1 恒定的牵引率。

λ_4 表示车辆状态 2 恒定的牵引率。

μ 表示车辆恒定的维修率。

$P_i(t)$表示车辆或者交通系统在时间 t 处于状态 i 的概率，$i=0$，1，2，3。

使用马尔科夫法，我们得到如下的方程：

$$\frac{dP_0(t)}{dt}+(\lambda_1+\lambda_2)P_0(t)=\mu P_3(t) \tag{6-25}$$

$$\frac{dP_1(t)}{dt}+\lambda_3P_1(t)=\lambda_1P_0(t) \tag{6-26}$$

$$\frac{dP_2(t)}{dt}+\lambda_4P_2(t)=\lambda_2P_0(t) \tag{6-27}$$

$$\frac{dP_3(t)}{dt}+\mu P_3(t)=\lambda_3P_1(\mathrm{t})+\lambda_4P_2(t) \tag{6-28}$$

当 t 等于 0 时，$P_0(0)=1$，$P_1(0)=0$，$P_2(0)=0$ 和 $P_3(0)=0$。

通过求解方程（6-25）至（6-28），我们得到以下的概率方程：

$$P_0=\left[1+\frac{\lambda_1}{\lambda_3}+\frac{\lambda_2}{\lambda_4}+\frac{(\lambda_1+\lambda_2)}{\mu}\right]^{-1} \tag{6-29}$$

$$P_1=\frac{\lambda_1P_0}{\lambda_3} \tag{6-30}$$

$$P_2=\frac{\lambda_2P_0}{\lambda_4} \tag{6-31}$$

$$P_3=\frac{(\lambda_1+\lambda_2)P_0}{\mu} \tag{6-32}$$

式中，P_0、P_1、P_2 和 P_3 表示车辆或者交通系统分别在状态 0、1、2 和 3 下的稳态概率。

车辆或者交通系统稳态实用性如下：

$$AV_{\mathrm{VS}}=P_0 \tag{6-33}$$

式中，AV_{VS}表示车辆交通系统稳态实用性。

方程式（6-25）至（6-28）中 $\mu=0$，求解结果方程，我们得到：

$$R_{\mathrm{VS}}(t)=\mathrm{e}^{-(\lambda_1+\lambda_2)t} \tag{6-34}$$

式中，$R_{\mathrm{VS}}(t)$表示在时间 t 车辆或者交通系统的可靠性。

车辆或者交通系统平均故障时间如下：

$$MTTF_{VS} = \int_0^{\infty} R_{VS}(t)\mathrm{d}t = \int_0^{\infty} \mathrm{e}^{-(\lambda_1+\lambda_2)t} = \frac{1}{(\lambda_1 + \lambda_2)} \tag{6-35}$$

式中，$MTTF_{VS}$是车辆或者交通系统平均故障时间。

案例 6.3

假设一个车辆的安全故障率和事故故障率分别是 0.0008 次故障/小时和 0.0001 次故障/小时。计算车辆在一次 8h 的工作中的可靠性及其平均故障时间。

通过将给定的数据代入方程（6-34）中，我们得到：

$$R_{VS}(8) = \mathrm{e}^{-(0.0008+0.0001)(8)} = 0.9928$$

将给定的数值代入方程（6-35）中得到，

$$MTTF_{VS} = \frac{1}{(0.0008+0.0001)} = 1111.1\mathrm{h}$$

因此，车辆可靠性和平均故障时间分别是 0.9928 和 1111.1h。

6.5 模型四

这种数学模型是根据每日都在使用的两辆车辆而建立的。双车辆系统可能处于以下四种状态的任意一种。

- 两车均运行的正常状态。
- 一辆车运行正常另一辆车故障状态。
- 两车均故障状态。
- 故障车辆在维修车间。

当一辆或两辆车都处于故障状态时，该模型将试图使维修故障车辆返回工作状态（也就是恢复至两辆车都正常运行的状态）。此外，如果两辆故障车辆不能同时被修好，我们将试图维修其中任一辆车辆。在这两种情况下，如果维修举措不成功，车辆将被拖至维修车间。

模型/系统的空间状态如图 6-4 所示，方框中的数字、单字母和双字母及圆圈中的单字母都代表系统的状态。

以下是与该模型相关的假设：

- 所有故障独立发生。
- 故障率、局部故障率、牵引率和维修率都是恒定的。
- 维修好的车辆性能如同新车。
- 局部故障车辆被送往维修车间。

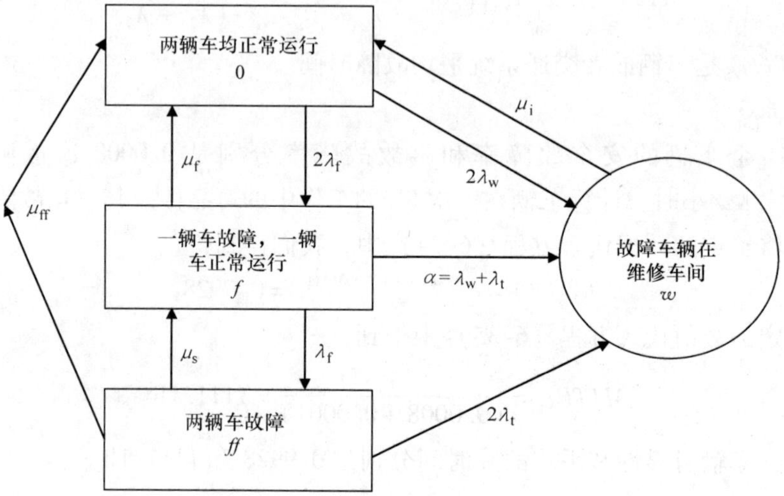

图 6-4　模型四的空间状态图

以下是该模型空间状态图中的符号：

i 表示系统第 i 种状态。其中 i 等于 0 表示两辆车均正常运行，i 等于 f 表示一辆车完全故障，另外一辆运行正常，i 等于 ff 表示两辆车均完全故障，i 等于 w 表示故障车辆在维修车间。

$P_i(t)$ 表示在时间 t 系统在第 i 种状态的概率，其中 i 取 0、f、ff、w。

λ_f 表示车辆恒定的故障率。

λ_w 表示车辆恒定的局部故障率（局部故障的车辆被送往维修车间维修）。

λ_t 表示完全故障车辆恒定的牵引率。

μ_i 表示第 i 个恒定的维修率。其中，i 等于 s 表示车辆从状态 ff 转变到状态 f，i 等于 f 表示车辆从状态 f 转变到状态 0，i 等于 ff 表示车辆从状态 ff 转变到状态 0，i 等于 w 表示车辆从状态 w 转变到状态 0。

通过马尔科夫法，我们得到如下方程：

$$\frac{dP_0(t)}{dt}+(2\lambda_f+\lambda_w)P_0(t)=\mu_wP_w(t)+\mu_fP_f(t)+\mu_{ff}P_{ff}(t) \tag{6-36}$$

$$\frac{dP_w(t)}{dt}+\mu_wp_w(t)=2\lambda_wP_0(t)+\alpha P_f(t)+2\lambda_tP_{ff}(t) \tag{6-37}$$

$$\frac{dP_f(t)}{dt}+(\lambda_f+\alpha+\mu_f)P_f(t)=\mu_sP_{ff}(t)+2\lambda_fP_0(t) \tag{6-38}$$

$$\frac{dP_{ff}(t)}{dt}+(2\lambda_t+\mu_s+\mu_{ff})P_{ff}(t)=\lambda_fP_f(t) \tag{6-39}$$

当时间 t 等于 0 时，$P_0(0)=1$，$P_w(0)=0$，$P_f(0)=0$ 和 $P_{ff}(0)=0$。

通过求解方程（6-36）至（6-39），我们得到如下的稳态概率方程：

$$P_0=(A.\mu_w)/[A(2\lambda_f+2\lambda_w+\mu_w)+(\mu_w-\mu_f)(2\lambda_t+\mu_s+\mu_{ff})2\lambda_f+2\lambda_f^2(\mu_w-\mu_{ff})] \tag{6-40}$$

式中，

$$A=(\lambda_f+\alpha+\mu_f)(2\lambda_t+\mu_s+\mu_{ff})-\mu_s\lambda_f \tag{6-41}$$

$$P_w=1-[\frac{A+2\lambda_f(2\lambda_t+\mu_s+\mu_{ff})+2\lambda_f^2}{A}]P_0 \tag{6-42}$$

$$P_f=\frac{2\lambda_f P_0(2\lambda_t+\mu_s+\mu_{ff})}{(\lambda_f+\alpha+\mu_f)(2\lambda_t+\mu_s+\mu_{ff})-\mu_s\lambda_f} \tag{6-43}$$

$$P_{ff}=(2\lambda_f^2P_0)/(\lambda_f+\alpha+\mu_f)(2\lambda_t+\mu_s+\mu_{ff})-\mu_s\lambda_f \tag{6-44}$$

式中，P_0、P_w、P_f 和 P_{ff} 分别表示系统在状态 0、w、f 和 ff 时的稳态概率。

6.6 模型五

这种数学模型表示一种车辆在交替的天气（正常天气和暴雨天气）中运行的系统。车辆可能在正常天气或暴雨天气运行中出故障，故障车辆均被维修恢复到正常的运行状态。系统的空间状态如图 6-5 所示。方框和圆圈中的数字表示系统的状态。

以下是和该模型相关的假设：

➢ 车辆的故障率和维修率是恒定的。

➢ 交替天气的转变率（也就是从正常天气状态转换到暴风雨天气，反之亦然）是恒定的。

➢ 维修好的车辆的性能如同新车。

➢ 车辆故障独立发生。

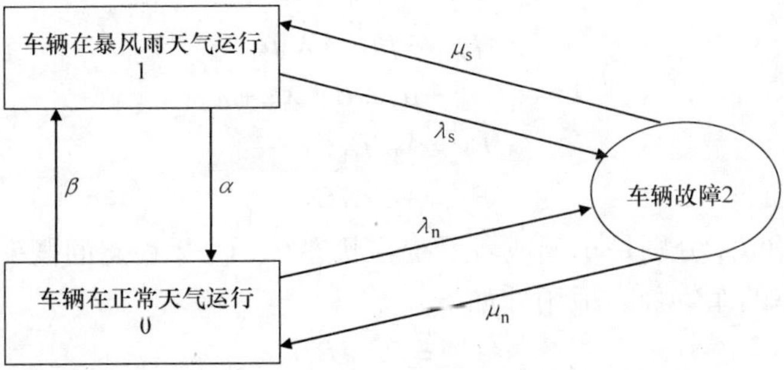

图 6-5　模型五的空间状态图

以下是该模型的相关符号：

i 表示车辆或者系统在第 i 种状态。其中，i 等于 0 表示车辆在正常天气运行，i 等于 1 表示车辆在暴风雨天气运行，i 等于 2 表示车辆故障状态。

λ_n 表示车辆在正常天气状态下的恒定故障率。

λ_s 表示车辆在暴风雨天气下的恒定故障率。

β 表示从状态 0 转换到状态 1 的天气恒定转换速率。

α 表示从状态 1 转换到状态 0 的天气恒定的转换速率。

μ_n 表示车辆在正常天气从状态 2 转换到状态 0 的恒定维修率。

μ_s 表示车辆在暴风雨天气从状态 2 转换到状态 1 的恒定维修率。

$P_i(t)$ 在时间 t 时系统在状态 i 的概率，$i=0$，1，2。

通过马尔科夫法，我们得到如下方程：

$$\frac{\mathrm{d}P_0(t)}{\mathrm{d}t}+(\beta+\lambda_n)P_0(t)=\alpha P_1(t)+\mu_n P_2(t) \tag{6-45}$$

$$\frac{\mathrm{d}P_1(t)}{\mathrm{d}t}+(\alpha+\lambda_s)P_1(t)=\beta P_0(t)+\mu_s P_2(t) \tag{6-46}$$

$$\frac{\mathrm{d}P_2(t)}{\mathrm{d}t}+(\mu_n+\mu_s)P_2(t)=\lambda_n P_0(t)+\lambda_s P_1(t) \tag{6-47}$$

在时间 t 等于 0 时，$P_0(0)=1$，$P_1(0)=0$ 和 $P_2(0)=0$。

通过求解方程（6-45）至（6-47），我们得到以下稳态概率方程：

$$P_0=A_1/C_1C_2 \tag{6-48}$$

式中，

$$A_1=\mu_n\alpha+\lambda_s\mu_n+\alpha\mu_s \tag{6-49}$$

$$C_1,C_2=\frac{-D\pm[D^2-4(A_1+A_2+A_3)]^{\frac{1}{2}}}{2} \tag{6-50}$$

$$A_2=\beta\lambda_s+\alpha\mu_n+\lambda_n\lambda_s \tag{6-51}$$

$$A_3=\beta\mu_n+\beta\mu_s+\lambda_n\mu_s \tag{6-52}$$

$$D=\alpha+\mu_n+\mu_s+\beta+\lambda_n+\lambda_s \tag{6-53}$$

$$P_1=A_3/C_1C_2 \tag{6-54}$$

$$P_2=A_2/C_1C_2 \tag{6-55}$$

式中，P_0、P_1 和 P_2 分别是车辆或者系统在状态 0、1、2 稳态的概率。

两种天气下的车辆稳态适用性如下：

$$A_{vss}=P_0+P_1 \tag{6-56}$$

式中，A_{vss}是两种天气下车辆稳态适用性。

令方程（6-45）至（6-47）中 $\mu_n=\mu_s=0$，然后求解结果方程并用迪隆的结果，我们得到：

$$MTTF_{\mathrm{v}}=\lim_{s\to 0}R_{\mathrm{v}}(s)=\lim_{s\to 0}\{P_0(s)+P_1(s)\}=\frac{\lambda_{\mathrm{s}}+\beta+\alpha}{(\lambda_{\mathrm{n}}+\beta)(\lambda_{\mathrm{s}}+\alpha)-\beta\alpha} \quad (6\text{-}57)$$

式中，$MTTF_{\mathrm{v}}$ 表示车辆平均故障时间；s 表示拉普拉斯变换变量；$R_{\mathrm{v}}(s)$ 表示车辆可靠性的拉普拉斯转换；$P_0(s)$ 表示车辆处于状态 0 的概率的拉普拉斯变换；$P_1(s)$ 表示车辆处于状态 1 的概率的拉普拉斯变换。

例 6.4

假设在方程（6-57）中我们有如下特定的数值：

$\lambda_{\mathrm{n}}=0.0004$ 次故障/小时；

$\lambda_{\mathrm{s}}=0.0001$ 次故障/小时；

$\beta=0.0001$ 次变换/小时；

$\alpha=0.0002$ 次变换/小时；

计算车辆平均故障时间。

通过将给定的数值代入公式（6-57），我们得到：

$$MTTF_{\mathrm{v}}\ \frac{(0.0001+0.0001+0.0002)}{(0.0004+0.0001)(0.0001+0.0002)-(0.0001)(0.0002)}=3076.92\mathrm{h}$$

因此，车辆平均故障时间是 3076.92h。

6.7 模型六

这个数学模型表示一个车辆在变化的天气（也就是正常天气和暴风雨天气）中运行的系统。车辆可能因为一次事故，或者在正常天气，或者在暴风雨天气中的硬件损伤而出现运行故障。两种状态下的故障车辆会被维修至正常运行状态。该系统的空间状态如图 6-6 所示。方框和圆圈中的数字表示系统的状态。

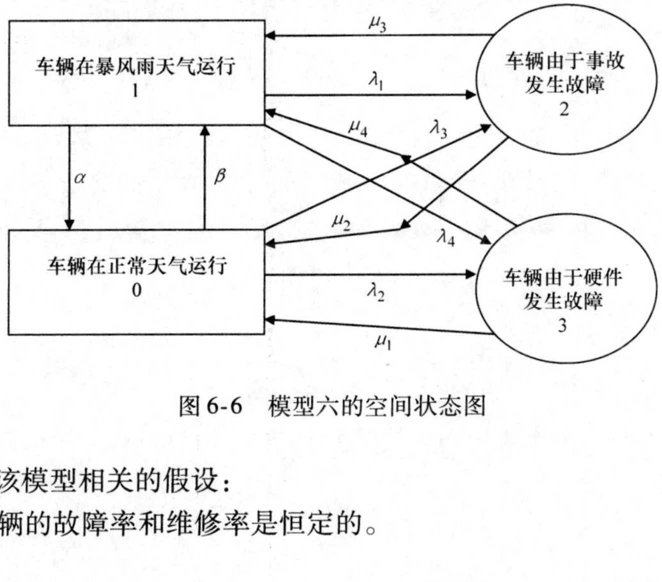

图 6-6 模型六的空间状态图

以下是与该模型相关的假设：

➢ 所有车辆的故障率和维修率是恒定的。

➢ 车辆故障独立发生。

➢ 交替天气的转变率（也就是从正常天气状态转变到暴风雨天气，反之亦然）是恒定的。

➢ 维修好的车辆的性能如同新车。

下面是与该模型有关的符号：

i 表示车辆或者交通系统在第 i 种状态，i 等于 0 表示车辆在正常天气运行。i 等于 1 表示车辆在暴风雨天气运行，i 等于 2 表示车辆由于事故发生故障，i 等于 3 表示车辆由于硬件问题发生故障。

λ_i 表示车辆第 i 种情况的故障率。其中 i 等于 1 表示车辆从状态 1 转变至状态 2，i 等于 2 表示车辆从状态 0 转变至状态 3，i 等于 3 表示车辆从状态 0 转变至状态 2，i 等于 4 表示车辆从状态 1 转变至状态 3。

μ_i 表示车辆第 i 种情况的维修率。其中 i 等于 1 表示车辆从状态 3 转变至状态 0，i 等于 2 表示车辆从状态 2 转变至状态 0，i 等于 3 表示车辆从状态 2 转变至状态 1，i 等于 4 表示车辆从状态 3 转变至状态 1。

β 表示从状态 0 转变至状态 1 恒定的天气转换速率。

α 表示从状态 1 转变至状态 0 恒定的天气转换速率。

$P_i(t)$ 表示车辆或者系统在时间 t 处于状态 i 的概率，$i=0$，1，2，3。

使用马尔科夫方法，我们得到如下的方程：

$$\frac{\mathrm{d}P_0(t)}{\mathrm{d}t}+(\beta+\lambda_2+\lambda_3)P_0(t)=\alpha_1 P_1(t)+\mu_2 P_2(t)+\mu_1 P_3(t) \tag{6-58}$$

$$\frac{\mathrm{d}P_1(t)}{\mathrm{d}t}+(\alpha+\lambda_1+\lambda_4)P_1(t)=\beta P_0(t)+\mu_3 P_2(t)+\mu_4 P_3(t) \tag{6-59}$$

$$\frac{\mathrm{d}P_2(t)}{\mathrm{d}t}+(\mu_3+\mu_2)P_2(t)=\lambda_1 P_1(t)+\lambda_3 P_0(t) \tag{6-60}$$

$$\frac{\mathrm{d}P_3(t)}{\mathrm{d}t}+(\mu_1+\mu_4)P_3(t)=\lambda_2 P_0(t)+\lambda_4 P_1(t) \tag{6-61}$$

当时间 t 等于 0 时，$P_0(0)=1$，$P_1(0)=0$，$P_2(0)=0$ 和 $P_3(0)=0$。

通过求解方程式（6-58）至（6-61），我们得到如下的稳态概率方程：

$$P_0=\mu_1\mu_2 A/[A\mu_1\mu_2+\beta\mu_1\mu_2+\beta\lambda_1\mu_1+A\lambda_3\mu_1+A\mu_2\lambda_2+\beta\lambda_4\mu_2] \tag{6-62}$$

式中，

$$A=\alpha+\lambda_1+\lambda_4$$

$$P_1=\beta P_0/A \tag{6-63}$$

$$P_2=P_0\left[\frac{\beta\lambda_1}{A\mu_2}+\frac{\lambda_3}{\mu_2}\right] \tag{6-64}$$

$$P_3=P_0\left[\frac{\lambda_2}{\mu_1}+\frac{\beta\lambda_4}{A\mu_1}\right] \tag{6-65}$$

式中，P_0、P_1、P_2 和 P_3 分别代表车辆在 0、1、2、3 状态下稳态的概率。

车辆在两种类型的天气中的稳态实用性如下所示：

$$A_{vss} = P_0 + P_1 \tag{6-66}$$

式中，A_{vss}表示车辆在两种类型天气中的稳态实用性。

6.8 模型七

这种数学模型表示一种车辆在变换的天气（也就是正常天气和暴风雨天气）下运行的系统。在这两种天气下车辆可能出现完全或局部故障。此外，局部故障的车辆可能完全失效。完全故障的车辆在变换天气环境下可以被维修恢复至完全运行状态。

该系统的空间状态如图 6-7 所示。方框和圆圈中的数字代表系统的状态。以下是与该模型相关的假设：

➢ 车辆故障独立发生。

➢ 变换天气的转变速率（也就是从正常天气状态转变至暴风雨天气状态，反之亦然）是恒定的。

➢ 所有车辆的故障率和维修率是恒定的。

➢ 维修好的车辆性能如同新车。

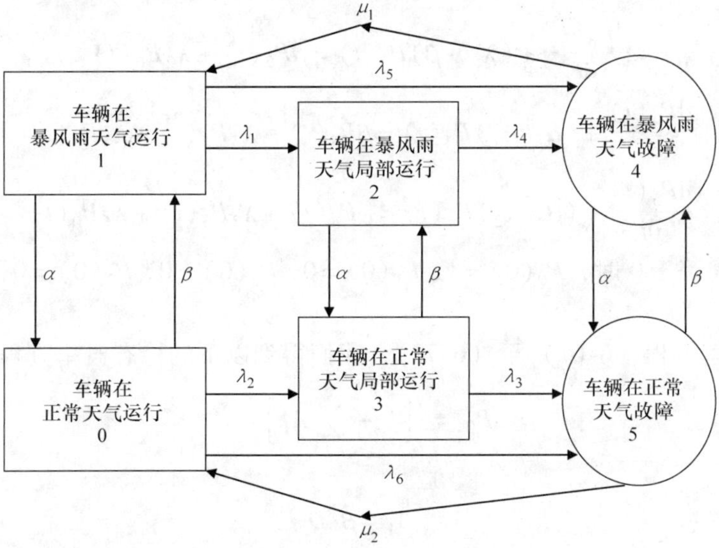

图 6-7　模型七的空间状态图

以下是与该模型相关符号：

i 是车辆或交通系统的第 i 种状态，其中 i 等于 0 表示车辆在正常天气运行，i 等于 1 表示车辆在暴风雨天气运行，i 等于 2 表示车辆在暴风雨天气局部运行，i 等于 3 表示车辆在正常天气局部运行，i 等于 4 表示车辆在暴风雨天气故障，i 等于 5 表示车辆在正常天气故障。

λ_i表示车辆第 i 种情况的故障率。其中 i 等于 1 表示车辆从状态 1 转变至状态 2，i 等于 2 表示车辆从状态 0 转变至状态 3，i 等于 3 表示车辆从状态 3 转变至状态 5，i 等于 4 表示车辆从状态 2 转变至状态 4，i 等于 5 表示车辆从状态 1 转变至状态 4，i 等于 6 表示车辆从状态 0 转变至状态 5。

μ_i 表示车辆第 i 种情况的维修率。其中 i 等于 1 表示车辆从状态 4 转变至状态 1，i 等于 2 表示车辆从状态 5 转变至状态 0。

β 表示从状态 1 转变至状态 0 恒定的天气转换速率。

α 表示从状态 0 转变至状态 1 恒定的天气转换速率。

$P_i(t)$表示车辆或者系统在时间 t 处于状态 i 的概率，$i=0$，1，2，3，4，5。

使用马尔科夫方法，我们得到如下的方程：

$$\frac{dP_0(t)}{dt}+(\beta+\lambda_2+\lambda_6)P_0(t)=\alpha P_1(t)+\mu_2 P_5(t) \tag{6-67}$$

$$\frac{dP_1(t)}{dt}+(\alpha+\lambda_1+\lambda_5)P_1(t)=\beta P_0(t)+\mu_1 P_4(t) \tag{6-68}$$

$$\frac{dP_2(t)}{dt}+(\alpha+\lambda_4)P_2(t)=\lambda_1 P_1(t)+\beta P_3(t) \tag{6-69}$$

$$\frac{dP_3(t)}{dt}+(\lambda_3+\beta)P_3(t)=\alpha P_2(t)+\lambda_2 P_0(t) \tag{6-70}$$

$$\frac{dP_4(t)}{dt}+(\alpha+\mu_1)P_4(t)=\beta P_5(t)+\lambda_5 P_1(t)+\lambda_4 P_2(t) \tag{6-71}$$

$$\frac{dP_5(t)}{dt}+(\beta+\mu_2)P_5(t)=\alpha P_4(t)+\lambda_3 P_3(t)+\lambda_6 P_0(t) \tag{6-72}$$

在时间 t 等于 0 时，$P_0(0)=1$，$P_1(0)=0$，$P_2(0)=0$，$P_3(0)=0$，$P_4(0)=0$，$P_5(0)=0$。

通过求解方程（6-67）至（6-72），我们得到以下的稳态概率方程：

$$P_0=\left[1+\sum_{i=1}^{5}A_i\right]^{-1} \tag{6-73}$$

式中，

$$A_1=\beta/D \tag{6-74}$$

$$A_2=\frac{\beta\lambda_1}{DF}+\frac{\beta\lambda_2}{G}+\frac{\alpha\beta^2\lambda_1}{DFG} \tag{6-75}$$

$$A_3=\frac{F\lambda_2}{G}+\frac{\alpha\beta\lambda_1}{GD} \tag{6-76}$$

$$A_4=\frac{\beta}{\alpha\mu_2}[\beta+\lambda_2+\lambda_6]-\frac{\beta^2}{D\mu_2}+\frac{\beta\lambda_5}{\alpha D}+\frac{\beta\lambda_1\lambda_4}{\alpha DF}+\frac{\beta\lambda_2\lambda_4}{\alpha G}+\frac{\beta^2\lambda_1\lambda_4}{GDF} \tag{6-77}$$

$$A_5 = [\frac{\beta + \lambda_2 + \lambda_6}{\mu_2}] - \frac{\alpha\beta}{D\mu_2} \tag{6-78}$$

$$D = \alpha + \lambda_1 + \lambda_5 \tag{6-79}$$

$$G = (\lambda_3 + \beta)F - \alpha\beta \tag{6-80}$$

$$F = (\alpha + \lambda_4) \tag{6-81}$$

$$P_1 = P_0 A_1 \tag{6-82}$$

$$P_2 = P_0 A_2 \tag{6-83}$$

$$P_3 = P_0 A_3 \tag{6-84}$$

$$P_4 = P_0 A_4 \tag{6-85}$$

$$P_5 = P_0 A_5 \tag{6-86}$$

两种天气类型下车辆的稳态实用性如下：

$$A_{vss} = P_0 + P_1 + P_2 + P_3 \tag{6-87}$$

式中，A_{vss}表示车辆在两种类型天气中的稳态实用性。

取方程（6-67）至（6-72）中，$\mu_1 = \mu_2 = 0$，然后求解结果方程并用迪隆结果，我们得到：

$$MTTF_v = \lim_{s \to 0} R(s) = \lim_{s \to 0} [P_0(s) + P_1(s) + P_2(s) + P_3(s)]$$

$$= \frac{(D+\beta)}{B_1} + \frac{(\beta\lambda_1)}{FB_1} + \frac{(D\beta\lambda_2)}{B_1 B_2} + \frac{(\alpha\beta^2\lambda_1)}{FB_1 B_2} + \frac{(DF\lambda_2)}{B_1 B_2} + \frac{(BF\alpha\lambda_1)}{FB_1 B_2} \tag{6-88}$$

式中，

$$B_1 = DH - \alpha\beta \tag{6-89}$$

$$B_2 = (\lambda_3 + \beta)F - \alpha\beta \tag{6-90}$$

$$H = \beta + \lambda_2 + \lambda_6 \tag{6-91}$$

6.9 模型八

这个数学模型表示一个由 n 个相同且独立并联运行的车辆组成的系统。至少一辆车正常工作，系统才可以运行。任何时刻一辆车发生故障，它将被拖至维修车间进行维修。完全维修好的车辆将恢复至运行状态。该系统的空间状态如图 6-8 所示。方框和圆圈中的数字和单个字母代表了系统的状态。

以下是与该模型相关的假设：

- 车辆故障独立发生。
- 车辆故障率、维修率和牵引率是恒定的。
- 系统由一队相同类型的车辆组成。
- 至少有一辆车在运行时，系统被认为可用。
- 维修好的车辆性能如同新车。

以下是与该模型相关的符号：

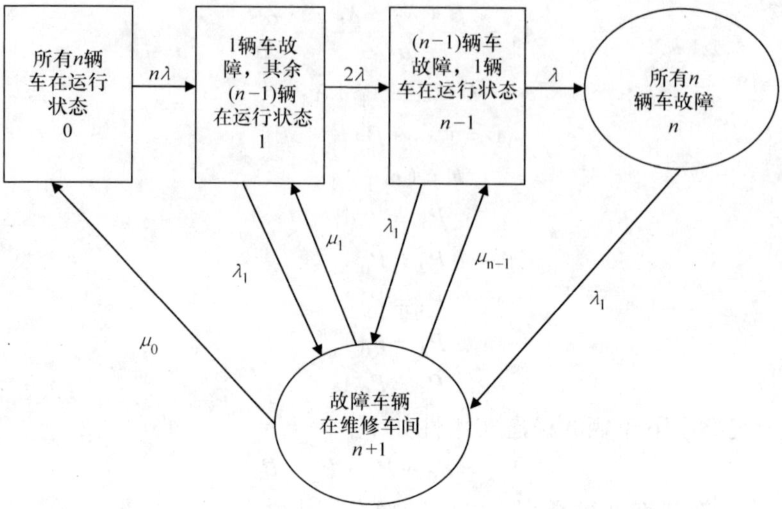

图 6-8　模型八的空间状态图

i 表示系统的第 i 种状态，其中 i 等于 0 表示 n 辆车全部在运行，i 等于 1 表示一辆车故障，$(n-1)$ 辆车在运行，i 等于 $(n-1)$ 表示 $(n-1)$ 辆车故障，一辆车在运行，i 等于 n 表示 n 辆车完全故障，i 等于 $(n+1)$ 表示车辆在维修车间。

λ 表示车辆恒定的故障率。

n 表示系统中同种车辆的数量。

λ_i 表示车辆恒定的牵引率。

μ_i 表示交通系统中车辆从状态 $(n+1)$ 转变至状态 i 时恒定的维修率。

$P_i(t)$ 表示车辆或者系统在时间 t 处于状态 i 的概率，$i=0, 1, 2, \cdots, (n+1)$。

使用马尔科夫法，我们得到如下的方程：

$$\frac{dP_0(t)}{dt} + n\lambda P_0(t) = \mu_0 P_{n+1}(t) \tag{6-92}$$

$$\frac{dP_1(t)}{dt} + [(n-1)\lambda + \lambda_1]P_1(t) = \mu_1 P_{n+1}(t) + n\lambda P_0(t) \tag{6-93}$$

$$\frac{dP_2(t)}{dt} + [(n-2)\lambda + \lambda_1]P_2(t) = \mu_2 P_{n+1}(t) + (n-1)\lambda P_1(t) \tag{6-94}$$

$$\vdots$$

$$\frac{dP_{n-1}(t)}{dt} + (\lambda + \lambda_1)P_{n-1}(t) = \mu_{n-1}P_{n+1}(t) + 2\lambda P_{n-2}(t) \tag{6-95}$$

$$\frac{dP_n(t)}{dt} + \lambda_1 P_n(t) = \lambda P_{n-1}(t) \tag{6-96}$$

$$\frac{dP_{n+1}(t)}{dt} + \left(\sum_{i=0}^{n-1}\mu_i\right)P_{n+1}(t) = \lambda_1\left[\sum_{i=1}^{n}P_i(t)\right] \tag{6-97}$$

当时间 t 等于 0 时，$P_0(0)=1$，其他初始条件概率等于 0。

通过求解方程（6-92）至（6-79），我们得到如下的稳态概率方程：

$$P_i=\frac{a_i}{b_i}P_{n+1},i=0,1,2,\cdots,n \tag{6-98}$$

式中，

$$P_{n+1}=\frac{\lambda_1}{\sum_{i=0}^{n-1}\mu_i}\left[1+\frac{\lambda_1}{\sum_{i=0}^{n-1}\mu_i}\left(1+\frac{a_0}{b_0}\right)\right]^{-1} \tag{6-99}$$

$$a_0=\mu_0 \tag{6-100}$$

$$a_1=\mu_0+\mu_1 \tag{6-101}$$

$$a_i=\mu_i b_{i-1}+[(n-i+1)\lambda]a_{i-1},i=2,3,\cdots,n-1(n=3,4,\cdots) \tag{6-102}$$

$$a_n=\lambda a_{n-1} \tag{6-103}$$

$$b_0=n\lambda \tag{6-104}$$

$$b_1=(n-1)\lambda+\lambda_1 \tag{6-105}$$

$$b_i=b_{i-1}[(n-i)\lambda+\lambda_1],i=2,3,\cdots,n \tag{6-106}$$

P_i 表示交通系统在状态 i 时的稳态概率，$i=0$，1，2，…，$(n+1)$。

Dhillon 和 Rayapati 给出了交通系统稳态运行实用性的表达式（也就是至少有一辆车在运行的概率）：

$$AV_{ss}=\sum_{i=0}^{n-1}P_i \tag{6-107}$$

式中，AV_{ss}表示交通系统稳态运行实用性。

例 6.5

取 n 等于 2，通过方程（6-98）至（6-107）获取稳态概率和交通系统稳态运行实用性的表达式。

将给定数据代入方程（6-98）至（6-107），我们得到：

$$P_0=\mu_0 P_2/\lambda \tag{6-108}$$

$$P_1=\mu_0 P_2/\lambda_1 \tag{6-109}$$

$$P_2=\frac{\lambda_1\lambda}{\mu_0\lambda+\lambda_1(\lambda+\mu_0)} \tag{6-110}$$

并且，

$$AV_{ss}=\frac{\lambda_1\mu_0}{\lambda\mu_0+\lambda_1(\lambda+\mu_0)} \tag{6-111}$$

因此，方程（6-108）至（6-111）是稳态概率和交通系统实用性的表达式。

例 6.6

假设在方程（6-111）中取 $\lambda=0.0004$ 次故障/小时，$\lambda_1=0.003$/小时，$\mu_0=$

0.08 次维修/小时。算出 AV_{ss} 的数值（也就是交通系统的稳态实用性）。

通过将给定数据带入方程（6-111），我们得到：

$$AV_{ss}=\frac{(0.003)(0.008)}{(0.0004)(0.008)+(0.003)(0.0004+0.08)}=0.8785$$

因此，AV_{ss} 的数值是 0.8785。

6.10 模型九

这个数学模型代表一个由于硬件问题或者人为失误而导致故障的交通系统，货车是这种系统的典型案例。发生故障的交通系统同样会被运往维修车间维修。系统的空间状态如图 6-9 所示。方框和圆圈中的数字表示系统的状态。

以下是与该模型有关的假设：

- 故障率和牵引率是恒定的。
- 交通系统可能因为人为失误或者硬件问题发生故障。
- 认为失误和故障独立发生。

下面是与该模型相关的符号：

i 表示交通系统的第 i 中状态，其中 i 等于 0 表示交通系统正常运行，i 等于 1 表示由于硬件问题发生故障，i 等于 2 表示交通系统由于人为失误发生故障，i 等于 3 表示交通系统在维修车间。

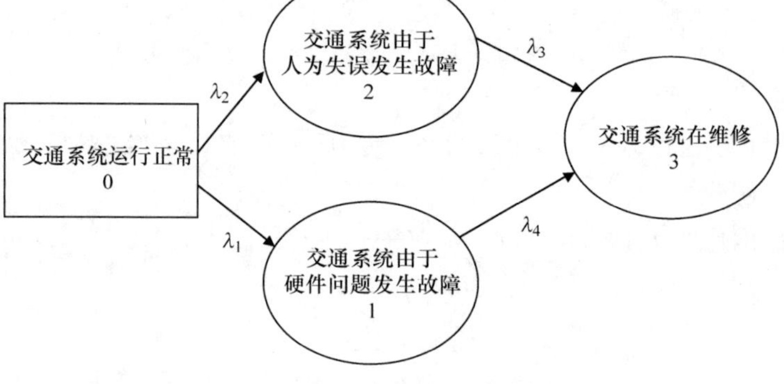

图 6-9 模型九的空间状态图

λ_1 表示交通系统硬件事故率是恒定的。

λ_2 表示交通事故由于人为失误导致的事故率是恒定的。

λ_3 表示交通系统从状态 2 转至状态 3 恒定的牵引速度。

λ_4 表示交通系统从状态 1 转至状态 3 恒定的牵引速度。

$P_i(t)$ 表示交通系统在时间 t 时处于状态 i，$i=0,1,2,3$。

根据马尔科夫法，我们得到如下的方程：

$$\frac{\mathrm{d}P_0(t)}{\mathrm{d}t}+(\lambda_1+\lambda_2)P_0(t)=0 \tag{6-112}$$

$$\frac{\mathrm{d}P_1(t)}{\mathrm{d}t}+\lambda_4 P_1(t)=\lambda_1 P_0(t) \tag{6-113}$$

$$\frac{\mathrm{d}P_2(t)}{\mathrm{d}t}+\lambda_3 P_2(t)=\lambda_1 P_0(t) \tag{6-114}$$

$$\frac{\mathrm{d}P_3(t)}{\mathrm{d}t}=\lambda_3 P_2(t)+\lambda_4 P_1(t) \tag{6-115}$$

在时间 t 等于 0 时，$P_0(0)=1$，$P_1(0)=0$，$P_2(0)=0$ 和 $P_3(0)=0$。

通过求解方程（6-112）至(6-115)，我们得到如下的状态概率方程：

$$P_0(t)=\mathrm{e}^{-at} \tag{6-116}$$

式中，

$$a=\lambda_1+\lambda_2$$

$$P_1(t)=c_2(\mathrm{e}^{-at}-\mathrm{e}^{-\lambda_4 t}) \tag{6-117}$$

式中，

$$c_2=\frac{\lambda_1}{(\lambda_4-a)} \tag{6-118}$$

$$P_2(t)=c_1(\mathrm{e}^{-at}-\mathrm{e}^{-\lambda_3 t}) \tag{6-119}$$

式中，

$$c_1=\frac{\lambda_2}{(\lambda_3-a)} \tag{6-120}$$

$$P_3(t)=1+c_1\mathrm{e}^{-\lambda_3 t}+c_2\mathrm{e}^{-\lambda_4 t}+c_3\mathrm{e}^{-(\lambda_1+\lambda_2)t} \tag{6-121}$$

式中，

$$c_3=-[c_1\lambda_3+c_2\lambda_4]/a \tag{6-122}$$

交通系统可靠性如下式：

$$R_{\mathrm{ts}}(t)=P_0(t)=\mathrm{e}^{-at}=\mathrm{e}^{-(\lambda_1+\lambda_2)t} \tag{6-123}$$

式中，$R_{\mathrm{ts}}(t)$表示交通系统在时间 t 的可靠性。

交通系统平均故障时间如下：

$$\begin{aligned} MTTF_{\mathrm{ts}} &= \int_0^\infty R_{\mathrm{ts}}(t)\,\mathrm{d}t \\ &= \int_0^\infty \mathrm{e}^{-(\lambda_1+\lambda_2)t}\,\mathrm{d}t \\ &= \frac{1}{\lambda_1+\lambda_2} \end{aligned} \tag{6-124}$$

式中，$MTTF_{\mathrm{ts}}$表示交通系统平均故障时间。

式中，A_{ts}是交通系统稳态适用性。

6.12 模型十一

这个数学模型代表交通系统（例如一辆汽车）可能发生安全故障，或者发生由于硬件问题或人为失误而导致的事故。发生故障的交通系统被牵引至维修车间维修。经过维修，交通系统重新运行。系统的状态空间如图 6-11 所示。方框和圆圈中的数字代表系统的状态。

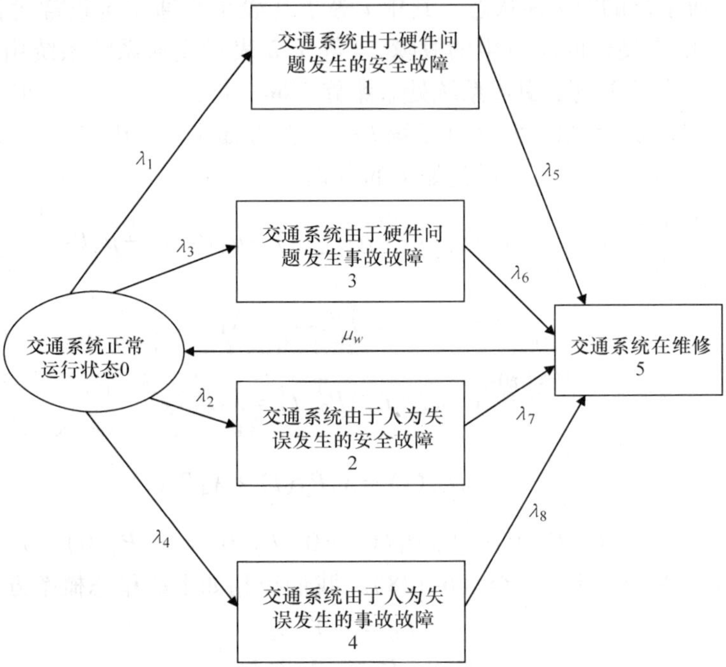

图 6-11　模型十一的空间状态图

以下是与模型相关的假设：

➢ 交通系统的故障率、维修率和牵引率是恒定的。

➢ 人为失误和故障独立发生。

➢ 维修好的交通系统完好如新。

以下是与该模型有关的符号：

i 表示交通系统的第 i 种状态，其中 i 等于 0 表示交通系统正常运行，i 等于 1 表示交通系统由于硬件问题发生的安全故障，i 等于 2 表示交通系统由于人为失误发生的安全故障，i 等于 3 表示交通系统由于硬件问题发生的事故故障，i 等于 4 表示交通系统由于人为失误发生的事故故障，i 等于 5 表示交通系统在维修车间。

λ_1 表示交通系统由于硬件问题发生的恒定的安全事故率；

λ_2 表示交通系统由于人为失误发生的恒定的安全事故率；

λ_3 表示交通系统造成事故的恒定的硬件故障率；

λ_4 表示交通系统造成事故的恒定的人为失误率；

λ_5 表示交通系统从状态 1 转至状态 5 恒定的牵引率；

μ_w 表示交通系统从状态 5 转至状态 0 恒定的维修率；

$P_i(t)$表示交通系统在时间 t 处于第 i 种状态的概率，其中 $i=0,1,2,3,4,5$。

λ_6 表示交通系统从状态 3 转至状态 5 恒定的牵引速度；

λ_7 表示交通系统从状态 2 转至状态 5 恒定的牵引速度；

λ_8 表示交通系统从状态 4 转至状态 5 恒定的牵引速度。

根据马尔科夫法，我们得到如下的方程：

$$\frac{dP_0(t)}{dt}+(\lambda_1+\lambda_2+\lambda_3+\lambda_4)P_0(t)=\mu_w P_5(t) \tag{6-137}$$

$$\frac{dP_1(t)}{dt}+\lambda_5 P_1(t)=\lambda_1 P_0(t) \tag{6-138}$$

$$\frac{dP_2(t)}{dt}+\lambda_7 P_2(t)=\lambda_2 P_0(t) \tag{6-139}$$

$$\frac{dP_3(t)}{dt}+\lambda_6 P_3(t)=\lambda_3 P_0(t) \tag{6-140}$$

$$\frac{dP_4(t)}{dt}+\lambda_8 P_4(t)=\lambda_4 P_0(t) \tag{6-141}$$

$$\frac{dP_5(t)}{dt}+\mu_w P_5(t)=\lambda_5 P_1(t)+\lambda_7 P_2(t)+\lambda_6 P_3(t)+\lambda_8 P_4(t) \tag{6-142}$$

当时间 t 等于 0 时，$P_0(0)=1$，$P_1(0)=0$，$P_2(0)=0$，$P_3(0)=0$，$P_4(0)=0$ 和 $P_5(0)=0$。

通过求解方程（6-137）至（6-142），我们得到如下的稳态概率方程：

$$P_0=1/(1+L_1) \tag{6-143}$$

式中，

$$L_1=\frac{\lambda_1}{\lambda_5}+\frac{\lambda_2}{\lambda_7}+\frac{\lambda_3}{\lambda_6}+\frac{\lambda_4}{\lambda_8}+\frac{L_2}{\mu_w} \tag{6-144}$$

$$L_2=\lambda_1+\lambda_2+\lambda_3+\lambda_4 \tag{6-145}$$

$$P_1=\frac{\lambda_1}{\lambda_5}P_0 \tag{6-146}$$

$$P_2=\frac{\lambda_2}{\lambda_7}P_0 \tag{6-147}$$

$$P_3=\frac{\lambda_3}{\lambda_6}P_0 \tag{6-148}$$

$$P_4 = \frac{\lambda_4}{\lambda_8} P_0 \tag{6-149}$$

$$P_5 = \frac{L_2}{\mu_w} P_0 \tag{6-150}$$

式中，P_0、P_1、P_2、P_3、P_4 和 P_5 分别表示交通系统分别在 0、1、2、3、4、5 状态的稳态概率。

交通系统稳态适用性如下所示：

$$AV_{ss} = P_0 = \frac{1}{(1+L_1)} \tag{6-151}$$

式中，AV_{ss}表示交通系统稳态适用性。

通过设置方程（6-137）至（6-142）中 $\mu_w = 0$，然后求解结果方程，我们得到：

$$R_{ts}(t) = P_0(t) = e^{-(\lambda_1+\lambda_2+\lambda_3+\lambda_4)t} \tag{6-152}$$

式中，$R_{ts}(t)$表示在时间 t 时交通系统的可靠性。

交通系统平均故障时间如下：

$$\begin{aligned} MTTF_{ts} &= \int_0^\infty R_{ts}(t)\,dt \\ &= \int_0^\infty e^{-(\lambda_1+\lambda_2+\lambda_3+\lambda_4)t}\,dt \\ &= \frac{1}{(\lambda_1+\lambda_2+\lambda_3+\lambda_4)} \end{aligned} \tag{6-153}$$

式中，$MTTF_{ts}$表示交通系统的平均故障时间。

例 6.8

假设在图 6-11 中我们给出如下的数值：

$\lambda_1 = 0.0001$ 次故障/h；

$\lambda_2 = 0.0002$ 次失误/h；

$\lambda_3 = 0.0003$ 次故障/h；

$\lambda_4 = 0.0004$ 次失误/h；

$\lambda_5 = 0.0005$/h；

$\lambda_6 = 0.0006$/h；

$\lambda_7 = 0.0007$/h；

$\lambda_8 = 0.0008$/h；

$\mu_w = 0.0009$ 次维修/h。

计算交通系统稳态适用性。

通过将特定数值代入方程式（6-143）至（6-145），我们得到：

$$AV_{ss} = P_0 = \frac{1}{1+2.5968} = 0.2780$$

$$L_1 = \frac{(0.0001)}{(0.0005)} + \frac{(0.0002)}{(0.0007)} + \frac{(0.0003)}{(0.0006)} + \frac{(0.0004)}{(0.0008)} + \frac{(0.0005)}{(0.0009)}$$

$$= 2.5968$$

$$L_2 = (0.0001 + 0.0002 + 0.0003 + 0.0004)$$

$$= 0.001$$

因此，交通系统稳态适用性是 0.2780。

习　题

1. 图 6-1 中展示的空间状态图，假设一个三态交通系统恒定的故障率是 0.0007 次故障/小时。计算这个交通系统在一次 6h 任务中的可靠性和平均故障时间。

2. 使用方程（6-25）至（6-28）证明方程（6-29）至（6-32）。

3. 假设图 6-2 中的特定数值如下：

$\lambda_1 = 0.0003$ 次故障/h；

$\lambda_2 = 0.0005$ 次故障/h；

$\lambda_3 = 0.0001$ 次故障/h；

$\lambda_4 = 0.0002$ 次故障/h。

计算车辆或者交通系统的平均故障时间。

4. 证明方程（6-62）、方程（6-63）、方程（6-64）、方程（6-65）的和是 1。

5. 假设一辆车的安全故障和事故故障的恒定故障率分别是 0.0009 次故障/小时和 0.0002 次故障/小时。计算这辆车在一次 10h 的任务中的可靠性和平均故障时间。

6. 使用方程（6-36）至（6-39）得到方程（6-40）至（6-44）。

7. 比较模型五和模型六。

8. 假设在方程（6-57）中，我们给定如下的数值：

$\alpha = 0.0004$ 转换/h；

$\beta = 0.0002$ 转换/h；

$\lambda_n = 0.0006$ 故障/h；

$\lambda_s = 0.0003$ 故障/h。

计算该车辆的平均故障时间。

9. 比较模型六和模型七。

10. 利用方程（6-112）至（6-115）得到方程（6-116）至（6-122）。

参考文献

[1] Dhillon, B. S. 2003. *Human reliability and error in medical system*. River Edge, N.Y.: World Scientific Publishing.

[2] Dhillon, B. S. 2007. *Human reliability and error in transportation systems*. London: Springer.

[3] Dhillon, B. S. 2009. *Human reliability, error, and human factors in engineering maintenance*. Boca Raton, Fla.: CRC Press.

[4] Dhillon, B. S., and S. N. Rayapati. 1985. Reliability and availability analysis of transit systems. *Microelectronics and Reliability* 25 (6): 1073–1085.

[5] Dhillon, B. S. 1999. *Design reliability: Fundamentals and applications*. Boca Raton, Fla.: CRC Press.

[6] Dhillon, B. S. 1984. Availability analysis of transit systems. *Microelectronics and Reliability* 24 (4): 761–768.

[7] Dhillon, B. S. 1984. RAM analysis of vehicles in changing weather. In *Proceedings of the Annual Reliability and Maintainability Symposium*, 48–53.

[8] Dhillon, B. S. and S. N. Rayapati. 1986. Availability modelling of a vehicle fleet. *Microelectronics and Reliability* 26 (2): 355–364.

[9] Dhillon, B. S. 1986. *Human reliability: With human factors*. New York: Pergamon Press.

[10] Dhillon, B. S., and S. N. Rayapati. 1984. Reliability and availability analysis of on surface transit systems. *Microelectronics and Reliability* 24: 1029–1033.

[11] Dhillon, B. S., and S. N. Rayapati. 1985. Reliability evaluation of transportation systems with human errors. In *Proceedings of the IASTED Int. Conf. on Applied Simulation and Modeling*, 4–7.

第7章 铁路安全

7.1 简介

铁路是一种重要的交通运输方式。每年全世界的铁路都要运输价值数百亿美元的货物，以及数以亿计的乘客。

近年来，铁路安全正逐渐引起人们的关注。1983 年，美国国会通过了《联邦铁路安全设备法案》。该法案制定了自动耦合器、空气制动系统、定位标准和电气规格的强制性要求。也正是由于此类的措施，美国的铁路安全近年来已经得到相当显著的改善。

例如，根据美国联邦铁路管理局（Federal Rail Administration，FRA）2000 年的报告显示，1993—1999 年是美国铁路历史上最安全的时间段。具体来说，在此期间，与铁路事故相关的死亡人数下降了 87%，铁路工作人员伤亡人数下降了约 34%，在公路/铁路道口处的死亡人数下降超过 35%。铁路工业在 20 世纪 90 年代对基础设施超过 500 亿美元的投资，被认为是减少铁路事故的一个重要因素。

本章将会介绍铁路安全的各个重要方面。

7.2 铁路相关事故和事件的原因及具体实例

世界各地的铁路相关事故和事件的发生原因各有不同。一项针对 1888—2000 年期间瑞典发生的 666 起铁路相关事故的调查显示，事故发生的原因可分为以下三类（括号内为事故所占百分比）：

➢ 铁路车辆（47%）。这一类别的事故是由铁路车辆引起的，例如火车和有轨电车，也包括操作员的维修错误。

➢ 铁路和轨道（39%）。该类别下的事故是由铁路或其轨道造成的，包括道基、枕木、转换开关和放在或接近轨道的物体。这一类别事故还包括工作人员在轨道上的工作（例如，维护和转轨操作）。

➢ 信息不足（14%）。这些事故由于信息不足而无法判定其发生的原因。

该调查继续将 256 组由铁路和轨道所引起的事故分为以下四类（括号内为事故所占百分比）：

➢ 铁路的维护（30%）。

➢ 有关铁路的操作（30%）。

➢ 铁路的损坏（27%）。

➢ 不确定（13%）。

与铁路维护相关的原因被进一步分成两类（括号内为事故所占百分比）：

➢ 维护操作不当（24%）。

➢ 缺乏维护（6%）。

下面是一些有关铁路事故发生原因的具体例子：

➢ 1984 年 10 月 29 日，在爱尔兰的巴利纳斯洛，一列客运列车由于在破旧的铁路上超速行驶而脱轨，造成 2 人死亡 34 人受伤[3]。

➢ 1949 年 8 月 29 日，在爱尔兰的多尼戈尔，一列客运列车在没有列车工作人员操作的情况下离开了车站，并迎头撞上一列货运列车，造成 3 人死亡，受伤人数不详。

➢ 1999 年 10 月 20 日，在新西兰的怀帕希，由于两位火车驾驶员对轨道行驶授权条例的误解，一列北行的南线特快列车和一列静止的南行列车相撞，造成 1 人死亡 1 人重伤[4]。

➢ 1943 年 6 月 4 日，在新西兰的海德，一列从克伦威尔到达尼丁的客运列车由于驾驶员醉酒超速而导致脱轨，造成 21 人死亡 47 人受伤。

➢ 1914 年 5 月 27 日，在新西兰的万卡玛里诺（Whangamarino），一列从惠灵顿到奥克兰的特快列车在发出错误的危险信号后和一列北行的货运列车发生追尾，造成 3 人死亡 5 人重伤。

➢ 1957 年 12 月 23 日，在爱尔兰的邓德拉姆，一列客运列车因为一头牛出现在铁轨上而停车，另一列客运列车因为收到了错误的信号而与其相撞，造成 1 人死亡 4 人受伤[6,7]。

➢ 1975 年 12 月 31 日，在爱尔兰的戈里，一列火车从一座被汽车破坏的桥上脱轨，造成 5 人死亡 30 人受伤。

➢ 2002 年 4 月 18 日，在美国的佛罗里达州，一列美国铁路公司的自动驾驶火车因为制动失灵和铁路养护较差而脱轨，造成 4 人死亡 142 人受伤[9]。

➢ 2004 年 6 月 28 日，在美国的德克萨斯州，一列联合太平洋铁路公司的火车未按信号灯指示行驶，与另一列列车相撞，造成 3 人死亡 51 人受伤。

7.3 依据产生原因和事故影响的铁路事故分类方法

近年来，根据事故发生的原因和事故的影响，人们提出了铁路事故的一般分类方法，主要分为以下几类：

➢ 碰撞。一般包括正面碰撞、追尾碰撞、有制动缓冲的碰撞，以及轨道上有障碍物的碰撞（例如公路车辆、山体滑坡、雪崩等）。

➢ 脱轨。包括直道脱轨、弯道脱轨以及连接处脱轨。

➢ 其他。一般包括火灾、爆炸（人为破坏或恐怖主义）、人从列车上坠落和列车撞到轨道上行人等事故。

根据事故发生的原因，铁路事故一般分为如下几类：

➢ 驾驶员的错误。这类错误一般包括驾驶员忽视危险信号、超速，以及发动机操作不当等。

➢ 信号员的错误。一般包括信号员允许两列火车同时进入相同的闭塞区段，以及对信号、指引或标识牌的不正确操作。

➢ 铁路车辆的机械故障（由不合理的设计和缺乏维护引起）。

➢ 土建故障。包括桥梁和隧道的坍塌，以及轨道设计上存在缺陷。

➢ 其他人的行为。一般包括其他铁路人员（如扳道员、搬运工）和非铁路相关人员的行为（即意外损坏、蓄意破坏和恐怖主义等）。

➢ 其他影响因素。一般包括铁路车辆的强度、制动的效果、设计不合理的轨道或交叉口布局，以及不合理的铁路规则等。

7.4 铁路脱轨事故和事件及其原因

近年来，世界范围内发生了许多铁路脱轨的事故和事件，并造成大量伤亡。以下列举了一些这样的事故/事件的案例。

➢ 1833年11月11日，在美国的新泽西州，一辆C&A（CamdenandAmboy）铁路公司的火车脱轨，造成2人死亡15人受伤。

➢ 1917年12月12日，在法国圣米歇尔·德的莫列讷河谷，一辆军用火车脱轨，导致超过500人死亡。直到20世纪末，这场灾难都被视为世界上发生过的最严重的脱轨事故。

➢ 1947年2月18日，在美国宾夕法尼亚州的阿尔图纳附近，一辆宾夕法尼亚铁路公司的特快客运列车脱轨，造成24人死亡131人受伤。

造成铁路脱轨事故和事件的原因有很多，在这里简单的对其主要原因做如下总结：

➢ 铁路破损。这类故障一般包括轨道连接处发生破损、轨道生产缺陷引起的破损、车轮摩擦轨道产生的破损，以及寒冷天气引起的破损等。

➢ 轨道错位。能造成或引发脱轨事故的轨道错位有很多种，一般包括某些位置轨道轨距过宽、轨道高低不平、轨道连接处没有对准、轨道过度使用产生变形，以及不正确的铁路高度。

➢ 火车超速。有两种不同的情况会引起火车超速而脱轨：车轮脱离和轨道扭曲。当火车超速时，火车的轮缘和轨道表面之间的摩擦力将会变得非常大，从而导致车轮被抬升，这就将使得轮缘与铁轨不再接触，发生车轮脱离的现象。同样的，火车超速也会导致车轮与轨道之间的横向力过大，当超过轨道压道板和铁路道钉的锚固力时，就会产生轨道扭曲的现象，从而导致铁路脱轨。

➢ 火车内因。这类事件的发生因素有：装载不均匀、低劣的火车操作技术，以及无法顺利通过反向急弯道等。

➢ 车轮和车厢故障。主要包括：轴箱过热、车轮轴断裂以及车轮破裂等。

7.5 “伸缩式”铁路事故

在铁路事故中，当后车底架压上前车底架并且冲入前车车厢时，就发生了“伸缩式”铁路事故。“伸缩”一词源自于事故发生后两辆车的相对位置与外观，更具体地说，当事故发生时，后车车厢像折叠式望远镜一样伸入前车车厢，而前车的车顶、底架和车厢的侧面因为后车的进入而被迫分解。

以往的经验表明，当前车车厢完全被占有时，伸缩事故常造成严重伤亡。当采用防抬升和碰撞能量管理结构系统时，此类交通事故可以显著地减少。

关于“伸缩式”铁路事故，这里介绍两个重要案例，分别为芝加哥通勤铁路碰撞事故，以及英国谢尔格林铁路碰撞事故。芝加哥通勤铁路碰撞事故被认为是整个芝加哥历史上最严重的交通事故之一，事故发生在 1972 年 10 月 30 日，发自伊利诺伊州中部的 416 号列车直接越过 27 号街站，并与一辆特快列车相撞。当火车相撞时，前面的特快列车被后面的 416 号列车追尾。事故造成 45 人死亡 332 人受伤，事故的其他信息可在美国国家运输安全委员会的报告中找到。

谢尔格林铁路碰撞事故发生在 1981 年 12 月 11 日，在英国白金汉郡的谢尔格林镇附近，一辆客运列车因为速度过快而导致驾驶员难以仔细看清周围的环境，使车辆冲入前面的一辆车速 48km/h 的空火车内。客运列车的前车厢有一部分嵌入了空火车的后车厢，发生追尾，造成 4 人死亡 5 人受伤，事故的其他信息可在美国国家运输安全委员会的报告中找到。

7.6 特定国家的铁路事故

自从蒸汽机运用到铁路运输中以来，全球范围内已经发生了大量死亡事故。下面将会为大家介绍四个特定国家的铁路事故。

7.6.1 英国

自从瓦特发明蒸汽机，铁路工业诞生以来，在英国发生了很多的铁路死亡事故。第一例铁路乘客死亡事故发生于 1830 年 9 月 15 日，威廉·赫斯基森在利物浦至曼彻斯特铁路线的开通仪式上死亡。从死亡人数上看，1915 年 5 月 22 日在昆丁希尔发生的铁路事故是英国历史上最严重的铁路事故，共造成227人死亡246人受伤。

表7-1提供了1830—2007年期间英国发生的所有铁路相关事故的大致死亡人数及与其对应的事故发生数。

表7-1 1830—2007年期间英国发生的事故大致死亡人数与其对应的事故发生数

死亡人数范围或死亡人数	事故发生数
>50	5
10 - 50	76
6 - 9	23
5	11
4	7
3	4
2	7
1	15

7.6.2 爱尔兰

自1853年以来，爱尔兰发生了许多重大铁路事故。在1853—1983年期间，大约发生了37起重大的铁路事故。1853年10月5日，在爱尔兰基尔代尔郡的斯特拉凡发生了第一起重大交通事故，造成16人死亡8人受伤。

造成5人以上（含5人）死亡的铁路事故如表7-2所示。

表7-2 1853—1983年期间，造成5人以上（含5人）死亡的铁路事故

编号	事故日期	事故地点	死亡人数	受伤人数
1	1980年8月1日	科克郡，巴特文特	18	75
2	1853年10月5日	基尔代尔郡，斯特拉凡	16	8
3	1983年8月21日	基尔代尔郡，切里维尔结	7	55
4	1856年11月19日	科克郡，邓肯特	6	…
5	1916年12月19日	梅奥郡，基尔特马	6	10
6	1975年12月31日	韦克斯福德郡，戈里	5	30
7	1878年9月8日	科克郡，科拉新	5	70

7.6.3 新西兰

自从1880年以来，新西兰发生了很多铁路事故。在1880—2009年期间，大约有30起致命或非致命的铁路事故发生。第一起被报道的致命铁路事故发生在1880

年9月11日惠灵顿的林姆塔卡，造成了3人死亡和11人受伤。1953年12月24日，在邓基卫村发生了新西兰最严重的铁路事故，造成151人死亡。

按照事故发生时间分类，表7-3为读者提供了1880—2009年期间新西兰铁路事故的发生情况。

7.6.4 澳大利亚

多年来，澳大利亚同样发生了许多铁路事故。在1857－2007年期间，大约有41起重大铁路事故发生。第一起致命的事故发生在1857年6月25日，当时一位铁路工人在火车通过桥洞的时候从火车头上坠落身亡。而在1977年1月18日，新南威尔士的格兰维尔拥挤的高峰时段，一辆火车发生脱轨并和一座混凝土桥相撞，造成83人死亡，这是澳大利亚发生的最严重的铁路事故。1857—2007年期间澳大利亚主要铁路事故的分类如表7-4所示。

表7-3　1880—2009年期间新西兰铁路主要事故的发生情况分类

事故发生时间段	事故发生数
2000—2009	2
1950—1999	17
1900—1949	9
1880—1899	2

表7-4　1857—2007年期间澳大利亚铁路主要事故的发生情况分类

事故发生时间段	事故发生数
2000—2007	3
1950—1999	14
1900—1949	16
1857—1899	8

7.7 铁路罐车安全

铁路罐车一般用于运输液体与气体。目前，仅在美国就有约115000辆铁路罐车服役。铁路罐车装载货物较为危险，一般为易燃、腐蚀性强或其他泄漏后具有危险性的气体或液体。1965—1985年期间，在美国由于铁路罐车事故死亡的人数就超过了40人。此外，大约在每1000次货物运输中就会发生一次意外泄漏，这也导致在美国每年都有超过1000起左右的铁路罐车泄漏事件发生。

为了确保铁路罐车的安全，美国运输部和工业部门已经采取了多种措施来改善铁路罐车及其运行环境。《危险物品运输统一安全法案》于1990年发布，美国国会的要求如下：

- 对铁路罐车的设计过程进行严格检查。
- 对运输危险物品的铁路罐车是否需要强制安装前挡板进行评估。

为了解决这两个问题，美国运输研究委员会（Transportation Research Board，TRB）成立了一个专门的组委会，其成员由许多方向的专业人士构成，包括罐车设计学、铁路运营和分析学、运输经济与管理学、运输学和危险物品安全学、化学和机械工程学以及化学制品航运学。在对铁路罐车的事故数据进行检查与分析后，组委会建议施行以下措施：

- 加强对工业设计的审定和认证功能并且监督程序和流程的实施。
- 提高评估罐车设计的安全性能评价标准，并根据标准给不同类型的罐车分配各类物品。
- 加强交通部与工业部门的合作，以确认生产时重要的安全需求并将其实现。

7.8 轻轨运输系统安全问题

在美国和加拿大，大约有20个城市正在使用轻轨运输系统。使用轻轨系统的主要原因是它拥有相对较低的成本，并能够脱离城市道路运行，而且轻轨系统还拥有优异的客运能力以及良好的可达性。

近年来发生了许多与轻轨运输系统有关的交通事故并造成人员伤亡。例如，在洛杉矶开通地下轻轨蓝线（MetroBlueLine，MBL）后的三年，发生了158起列车－机动车，以及24起列车－行人的碰撞事故（或事件），造成16人死亡多人受伤。

因此，在城市道路和铁路交叉口上，仍存在着许多与轻轨运输作业有关的安全问题和值得人们关注的隐患：

- 交叉口设备故障。
- 机动车驾驶人违反交通规则。
- 轻轨车辆在交叉口处阻塞街道（或公路）和步行区。
- 机动车在与铁轨平行的街道（或公路）上行驶时转弯。
- 公路车辆停在铁轨上，或在轻轨车辆行驶前方左转（或掉头）。
- 车辆排队阻塞交叉口。
- 机动车驾驶人忽略轻轨交通信号、公路交通信号以及交叉口的标识。
- 行人在交叉口或车站发生拥挤。

7.9 铁路安全性分析实施方法

如今，在工程安全性、可靠性和质量等方面，有许多方法和技术来进行各种类型的分析，其中的一些方法和技术也可以运用在铁路安全性的分析上。这些方法和技术包括：故障树分析、危险性和可操作性分析、事故因果图、接口安全性分析、失效模式效果分析和帕累托图等。下面将以故障树分析为例，详细阐述事故分析过程，其他方法和技术的相关信息，可以在第 4 章以及相关文献中找到。

故障树分析

故障树分析是一种在工业上被广泛使用的分析方法，其一般用于对工程系统进行安全性和可靠性分析。该方法诞生于 20 世纪 60 年代初期的贝尔电话实验室，并应用于“民兵”洲际导弹发射控制系统的安全性分析。

为了体现故障树在铁路安全领域的应用，本节中运用第 4 章中定义的符号，选取了一个简单的故障树来分析一场铁路罐车液氯泄漏的重大事故，见图 7-1。图中圆和矩形中的大写字母分别代表铁路罐车事故中的基本事件和中间事件，其中的每个字母的定义如下：

A：从罐车端板处泄漏。

B：从罐壁处泄漏。

C：从罐盖处泄漏。

D：追尾碰撞引起罐体损坏。

E：燃烧引起内部压力过大而导致罐车端板破损。

F：货物装载过量导致罐车端板破损。

G：穿刺探头破坏罐车端板。

H：发生意外事故。

I：探头加载力过大破坏罐车端板。

J：探头直接撞击罐车端板。

例 7.1

假设图 7-1 中事件 B、C、D、E、F、H、I、J 发生的概率分别为 0.08、0.07、0.06、0.05、0.04、0.03、0.02、0.01。

运用第 4 章中给出的公式，就可以计算出图 7-1 中各项事件发生的概率。由图 7-1 可知，事件 G 发生的概率：

$$P(G)=P(H)P(I)P(J) \tag{7-1}$$

式中，$P(H)$是事件 H 发生的概率；$P(I)$是事件 I 发生的概率；$P(J)$是事件 J 发生的概率。

利用上文中所给出的事件 H、I、J 发生的概率值并结合式（7-1），可得到：

$$P(G)=(0.03)(0.02)(0.01)=0.000006$$

同样的，利用第 4 章的公式，我们可以得到事件 A 发生的概率：

$$P(A)=1-[1-P(D)][1-P(G)][1-P(E)][1-P(F)] \tag{7-2}$$

式中，$P(D)$是事件 D 发生的概率；$P(G)$是事件 G 发生的概率；$P(E)$是事件 E 发

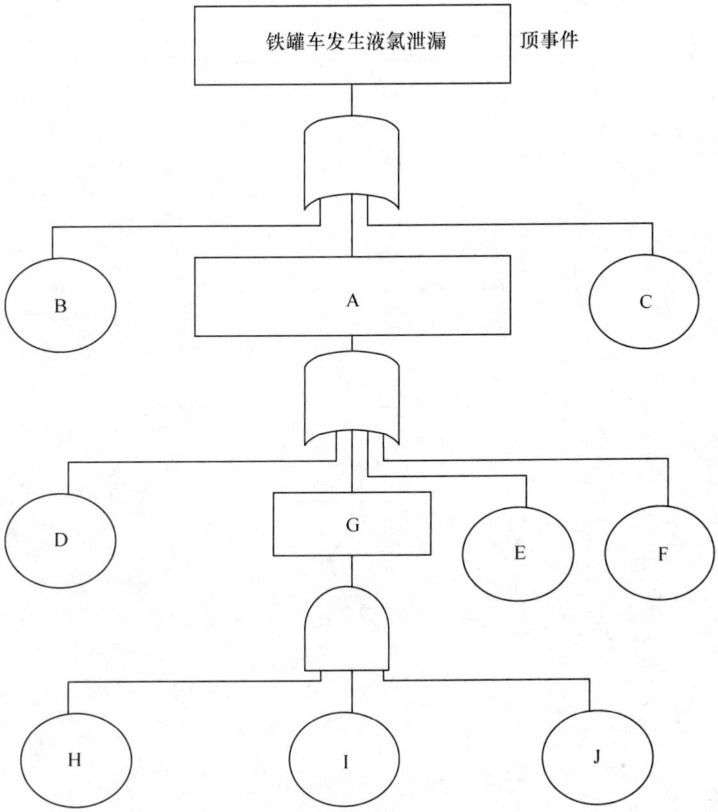

图 7-1 顶事件为铁路罐车发生液氯泄漏事故的故障树

生的概率；$P(F)$是事件 F 发生的概率。

通过上述计算得到的 $P(G)$以及条件中给出的 $P(D)$、$P(E)$、$P(F)$，我们可以得到：

$$P(A)=1-[1-0.06][1-0.000006][1-0.05][1-0.04]=0.1427$$

最后，顶事件（铁路罐车发生液氯泄漏）发生的概率

$$P(T)=1-[1-P(B)][1-P(A)][1-P(C)] \tag{7-3}$$

式中，$P(T)$是顶事件 T（铁路罐车发生液氯泄漏）发生的概率；$P(B)$是事件 B 发生的概率；$P(C)$是事件 C 发生的概率。

通过上述计算和条件中所给的 $P(A)$、$P(B)$、$P(C)$，从式（7-3）可以得到：

$$P(T)=1-[1-0.08][1-0.1427][1-0.07]=0.2665$$

因此，顶事件 T（铁路罐车发生液氯泄漏）发生的概率为 0.2665，图 7-1 所示故障树中各事件发生的概率值见图 7-2。

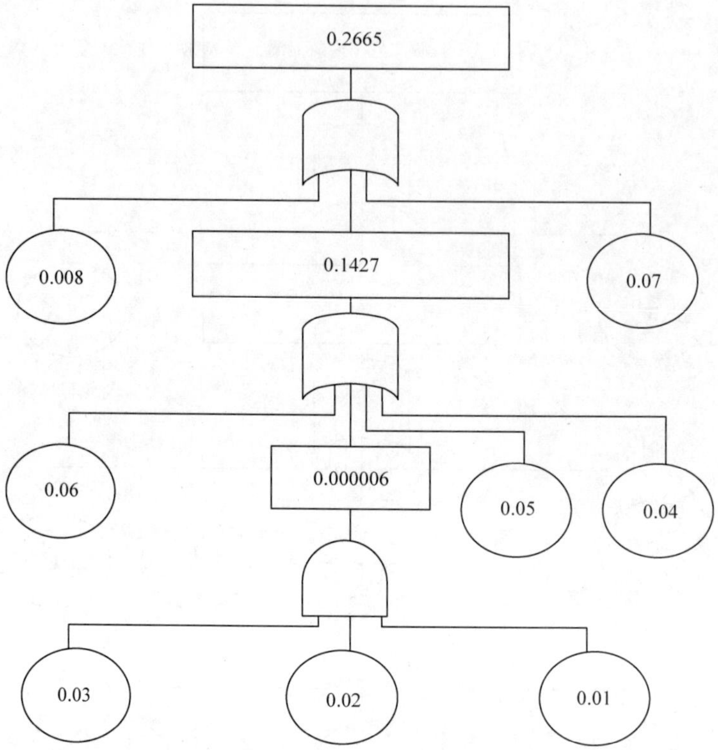

图 7-2　重绘图 7-1 所示故障树（附各事件概率值）

习　题

1. 写一篇关于铁路安全的小论文。
2. 列出至少 5 项铁路事故发生的具体原因。
3. 根据事故发生的原因，铁路事故一般分为哪几类？
4. 讨论一下根据事故发生的结果，铁路事故一般分为哪几类。
5. 列出至少 3 个铁路脱轨事故或事件。
6. 铁路脱轨事故或事件发生的主要原因是什么？
7. 讨论一下“伸缩式”铁路事故。
8. 讨论一下以下四个国家的铁路事故
   a. 英国
   b. 爱尔兰
   c. 澳大利亚
   d. 新西兰
9. 讨论一下铁路罐车的安全性问题。
10. 列出至少 8 个与轻轨交通系统安全相关的问题。

参考文献

[1] Matthews, R. A. 2001. Partnerships improve rail's safety record. *Railway Age* March: 14.
[2] Holmgren, M. 2005. Maintenance-related losses at the Swedish rail. *Journal of Quality in Maintenance Engineering* 11 (1): 5–18.
[3] MacAongusa, B. 2005. *Broken rails*. Dublin: Currach Press.
[4] TAIC. 2000. Rail accidents. Transportation Accident Investigation Commission, Wellington, New Zealand. http://www.taic.org.nz/.
[5] Conly, G., and G. Stewart. 1986. *Tragedy on the track: Tangiwai and other New Zealand railway accidents*. Wellington, New Zealand: Grantham House Publishing.
[6] MacAongusa, B. 2003. *The Harcourt Street line: Back on track*. Dublin: Currach Press.
[7] Murray, D. 1991. Collision at Dundrum, 1957. *Journal of the Irish Railway Record Society* 17 (116): 434–441.
[8] IRRS. 1976. Gorey Accident. Irish Railway Record Society, Dublin, Ireland. http://www.irrs.ie/.
[9] NTSB. 2003. Derailment of Amtrak Auto Train P052-18 on the CSXT Railroad near Crescent City, Florida, April 18, 2002. Report No. RAR-03/02. National Transportation Safety Board, Washington, D.C.
[10] NTSB. 2004. Report No. 04. National Transportation Safety Board, Washington, D.C. Macdona Accident, 04-03.
[11] Schneider, W., and A. Mase. 1970. *Railway accidents of Great Britain and Europe: Their causes and consequences*. Newton Abbot, U.K.: David and Charles.
[12] Rolt, L. T. C. 1966. *Red for danger*. Newton Abbot, U.K.: David and Charles.
[13] Wikipedia. 2010. Classification of railway accidents. http://en.wikipedia.org/wiki/Classification_of_railway_accidents.
[14] Wikipedia. 2010. Derailment. http://en.wikipedia.org/wiki/Derailment.
[15] NTSB. 1973. Collision of Illinois Central Gulf Railroad commuter trains. Report No. RAR-73-05. National Transportation Safety Board, Washington, D.C.
[16] Rose, C. F. 1983. *Railway accident: Report on the collision that occurred on December 11, 1981, near Seer Green in the London Midland Region of British Railways*. London: Her Majesty's Stationery Office.
[17] Rolt, L. T. C., and G. Kichenside. 1982. *Red for Danger*. Newton Abbot, U.K.: David and Charles.
[18] Churchman, G. B., and T. Hurst. 1992. *Danger ahead: New Zealand Railway accidents in the modern era*. Wellington, New Zealand: IPI Publishing Group.
[19] Semmens, P. W. B. 1994. *Railway disasters of the world*. Minneapolis, Minn.: Motor Books International.
[20] Haine, E. A. 1993. *Railroad wrecks*. New York: Cornwall Books.
[21] Ensuring railroad tank car safety. *TR News* 176 (January-February 1995): 30–31.
[22] Meadow, L. 1994. Los Angeles Metro Blue Line light-rail safety issues. *Transportation Research Record* 1433:123–133.
[23] Ishikawa, K. 1976. *Guide to quality control*. Tokyo: Asian Productivity Organization.
[24] Dhillon, B. S. 1999. *Design reliability: Fundamentals and applications*. Boca Raton, FL.: CRC Press.
[25] Dhillon, B. S. 2003. *Engineering safety: Fundamentals, techniques, and applications*. River Edge, N.J.: World Scientific Publishing.

第 8 章 货车与公共汽车安全

8.1 简介

商用货车与公共汽车在大多数发达国家的经济发展中起着非常重要的作用。例如，在美国，仅商业运输部门就雇佣了大约 1000 万人，年收入超过 5000 亿美元。此外，在北美，长途客车和包租客车每年都运输大约 8.6 亿乘客，远超过铁路或商业航空的客运量。

2003 年，在美国共有 42643 起交通死亡事故，其中有 4986 起事故与大型货车有关。大型货车和公共汽车事故的经济影响十分显著。例如，根据扎洛什尼亚和米勒所写的文章所述，在 2000 年，大型货车（载重量大于 4.5t）事故的平均损失为 59153 美元，公共汽车或长途客车事故的平均损失为 32548 美元。总结来说，在 1997—1999 年期间，美国的大型货车事故与公共汽车事故的年损失分别为 196 亿美元和 7 亿美元。

本章将为读者介绍与货车和公共汽车安全相关的各个重要层面。

8.2 货车与公共汽车安全的热点问题

近年来，各类研究已经发现了很多货车与公共汽车的安全问题，其中一些热门问题如下：

➢ 疲劳。除了过度使用车辆和路旁缺少合适的休息地点外，驾驶、卸货、调度和道路条件的不合理同样可以使驾驶员产生疲劳。

➢ 数据（或信息）。缺少关于重型车辆事故及其原因的相关信息。

➢ 技术。一般涉及为了提高安全性而研究部署的新兴技术及实际使用的技术。

➢ 驾驶员培训。对所有的驾驶员（包括商务车驾驶员和非职业驾驶员等）都需要持续进行更好的培训。

➢ 统一的规定。美国、墨西哥和加拿大之间，以及美国各州之间缺乏一致性的安全条例和执行程序，这也就意味着各个司法辖区内的安全问题不能处于相同的优先级。

➢ 管理。这需要进行更加有效的车辆测试和认证、交通执法以及高速公路违章判罚。

➢ 工作条件。涉及标准和行业惯例的审查，因为它们影响着驾驶员的工作负荷。

➢ 驾驶证审查缺陷。一般为商务车驾驶证考核程序的审查问题。

➢ 宣传。一般涉及发展国家机动车安全推广活动，以及扩大与大型车辆共享道路理念的公众教育力度。

➢ 资源分配。这关系到各类问题的优先级和现有资源的分配方法，我们要通过更好的安全管理系统将安全性问题设置成最高优先级。

➢ 合作关系。这需要公路使用者之间进行更好地沟通和协调。

➢ 事故预防措施。探索和制定具有前瞻性和非惩罚性的措施来防止事故的发生。

8.3 货车安全相关实例及数据

一些关于货车安全的实例和数据同样值得我们关注：

➢ 大型货车约占美国所有注册汽车总量的 3%，每辆货车平均每年行驶里程约为 40000km。

➢ 1993 年，美国大约有 4500 辆货车卷入了交通致死事故。

➢ 根据美国公路安全保险研究所的研究，65% 的大型货车死亡事故发生在干道上。

➢ 根据联邦公路管理局汽车运输办公室（Office of Motor Carriers，OMC）提供的数据，80% 的美国货车事故发生在天气良好的情况下。

➢ 1976—1987 年期间，货车事故造成的车内死亡人数从 1130 人减少到 852 人。

➢ 1993—2003 年期间，美国大型货车事故的死亡率减少了 20%。

➢ 2003 年，美国大型货车事故造成了 4986 人死亡，其中大型货车内死亡人数占 14%，其他车辆内死亡人数占 78%，其他非车内伤亡占 8%（其中 14% 的人在大型货车内，78% 的人在其他车辆内，还有 8% 不在车内）。

➢ 根据美国疾病控制中心的数据，美国商务车驾驶员的职业性事故死亡人数要超过其他任何行业。

➢ 在 1980、1986、1989、1992、1995、1997 和 2000 年，美国分别发生了约 5400、5100、5000、4000、4500、4900 和 5000 起与货车相关的死亡事故。

8.4 货车安全常规问题、重型车辆事故相关因素、货运行业安全文化

货车的常规事故一般有如下几种：

➢ 转角碰撞约占致命货车事故的32.5%，受伤事故的37.1%，拖行事故的32.5%。

➢ 正面碰撞约占致命货车事故的24%，受伤事故的1.6%，拖行事故的1.9%。

➢ 追尾碰撞约占致命货车事故的18.4%，受伤事故的30.6%，拖行事故的26.9%。

➢ 侧面碰撞约占致命货车事故的4.1%和拖行事故的9.7%。

➢ 翻车事故约占致命货车事故的13.3%，受伤事故的10.8%，拖行事故的3.6%。

➢ 车辆弯折。该类事故是指多节连接的车辆（如货运拖车）发生像小折刀一样的弯折现象，该类事故约占致命货车事故的8.3%，受伤事故的5.5%，拖行事故的8.4%。

图8-1中列举了导致重型货车事故发生的三个最常见因素，这些因素的详细解释见席夫的论文。

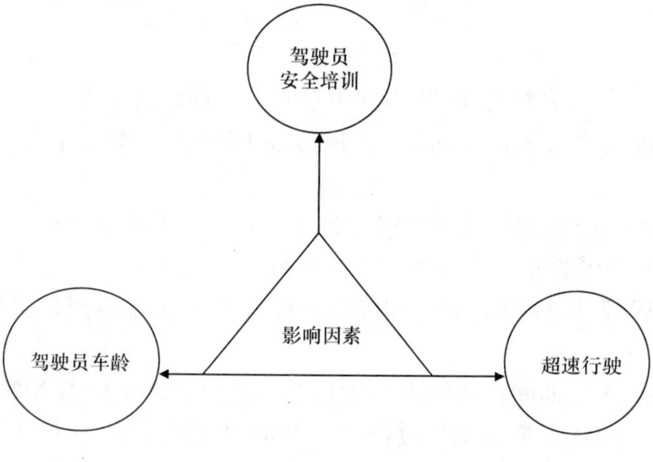

图8-1　导致重型货车事故发生的三个最常见因素

多年来，我们在许多的产业环境下发现，营造一个强大的安全文化，对安全效果（包括事故发生频率和严重程度等）存在着积极的影响。在货运行业，影响安全文化的主要因素一般有：驾驶员安全培训、驾驶员调度自主性、驾驶员的安全投入和高层管理人员对安全的关注。认真思考这些因素，可以显著提升安全文化在货运行业的影响，并且会有较好的安全效果。其他关于货运行业安全文化的信息可以在阿沃莱达等人的文章中找到。

8.5 货车安全检查提示、货车驾驶员安全提示、对改善货车安全的建议

过去的经验表明，大多数货车事故是由机械故障、制动失灵和轮胎损坏、悬架破损或电力故障等原因造成的。车辆安检是避免此类事故发生的最好方法。驾驶员可以通过每天的“试车”和定期的预防性维护计划来完成检查。例如，在行车期间，驾驶员应该经常观察车辆的各类仪表，并用自身的各种感官（视觉、听觉、嗅觉、触觉等）来检查车辆出现的问题。另外，每当货车停下时，驾驶员应该对一些关键项目进行检查，例如制动、轮胎、轮毂、轮圈、车灯、后视镜，以及车头和挂车之间的电气连接等。一些货车驾驶员的基本安全小贴士如图 8-2 所示。

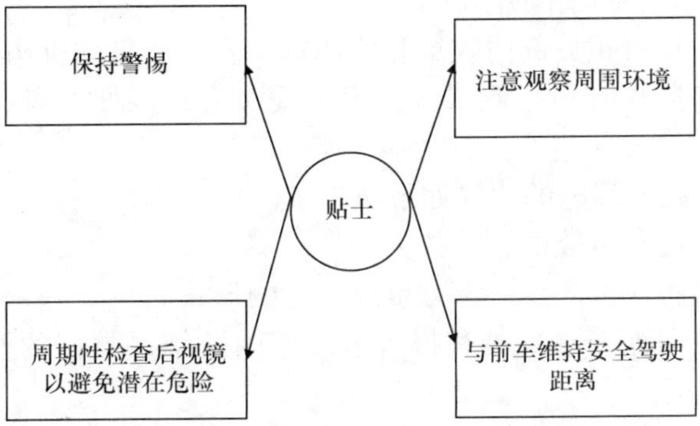

图 8-2 货车驾驶员的基本安全小贴士

在 1995 年的会议（货车安全：感知与现实）上，会议的参加者为了提高货车的安全性，针对以下 5 个安全问题提出了许多建议：

- 驾驶员培训与驾驶证件的授权。
- 驾驶员疲劳。
- 车辆制动器和维修标准。
- 在所有司法辖区内安全标准的协调。
- 对货车安全问题相关数据的需求。

对驾驶员培训与驾驶证件的授权问题的建议如下：

- 对驾驶员开展关于安全方面的有效训练和再训练项目（例如：教会驾驶员如何用最新的技术检查车辆），并且采取适当的措施减少所有类型事故的风险。
- 努力实施能够清楚反映不同类型货运车辆要求的驾驶证件许可方案。
- 努力制定所有驾驶员培训学校的全面认证，以保证它们在所有司法管辖区内都一致地满足所需标准。
- 设计并执行法规，以确保货车驾驶员不会因为拒绝在不安全的条件下驾驶而遭到不公平的解雇。

对驾驶员疲劳问题的建议如下：

- 设计一个周全的方法来统计驾驶员疲劳现象的发生率，其中需要考虑不同

类型的疲劳和驾驶需求。

➢ 需要协调不同司法辖区内所有标准。

➢ 给事故风险和疲劳设定等级，并设立清楚包含这些等级的新衡量标准。

对车辆制动器和维修标准问题的建议如下：

➢ 训练并保证所有的货车驾驶员能够合理地调节车辆制动器，并将其作为驾驶员训练项目和执照需求的一部分。

➢ 为所有的货车配备相应的车载设备（或信号灯），以便在当制动器需要调整和维修的时候对驾驶员进行提示。

➢ 设立一个合适的安全评级系统。

➢ 对经常不满足车辆制动器检查标准的货运公司实施适当的处罚。

对安全标准的协调问题的建议如下：

➢ 建立一个为政府相关部门收集和传播货车安全信息的机构。

➢ 成立一个包括政府和行业双方代表的委员会，以便两者共同努力制定货车的统一安全标准。

最后，对相关数据问题的建议如下：

➢ 公开并分享货车事故的相关数据。

➢ 在所有的司法辖区内统一警方事故报告的形式。

➢ 通过更好地训练警察采集和报告事故原因及结果数据的能力，来提升警方事故报告的可靠程度。

➢ 建立一个北美货车安全事故数据中心。

8.6 公共汽车与长途客车乘员死亡及重伤数据

在全球，公共汽车和长途客车被广泛用于旅客运输。每年，许多乘客因公共汽车和长途客车事故重伤甚至死亡。例如，在1966、1970、1975、1980、1985、1990和1991年，英国该类事故的乘客死亡人数分别为76、74、115、29、32、19和25，另外，在上述年份中，因该类事故重伤和死亡的总乘客人数分别为2161、1924、1650、1952、1036、826和725人。其他相关的详细信息可以在怀特和丹尼斯的文章中查找。

8.7 公共汽车运输安全以及安全功能领域的关键设计

尽管公共汽车被人们认为是最安全的运输方式之一，但是在1999—2003年期间，美国平均每年因公共汽车事故而死亡和受伤人数分别为40和18430人。其中涉及两车碰撞的事故中，平均每年有11名公共汽车乘客死亡，162名其他车辆的乘客死亡（其中有102名轿车乘客、2位名大货车乘客、49名轻型客车乘客和9名摩托车乘客）。

在 1999—2001 年期间，美国平均每年都有 111 辆公共汽车卷入致命的交通事故中。其他关于公共汽车安全的问题可以在相关文章中查找。

近年来，专家学者们提出了许多提升公共汽车安全性设计的相关问题。关键的安全性设计如下：

➢ 降低公共汽车高度，车门加宽，为车辆安装前后和侧面的吸能保险杠。

➢ 车辆的内部设计需要重点考虑功能选择性填充和危险突出物的移除。

➢ 为公共汽车驾驶员和乘客提供更好的照明系统。

➢ 为公共汽车提供更好的外部设计，以消除所有类型的潜在突发危险，并增加防滑设计和把手。

8.8 车辆安全数据源

在美国，有很多直接或间接获取货车和公共汽车相关安全数据的渠道，其中主要来源如下：

➢ 美国国家公路交通安全管理局。

➢ 美国国家运输安全委员会。

➢ 联邦高速公路管理局。

➢ 密歇根大学交通研究所。

➢ 保险行业。

下面的五个小节中将详细介绍这 5 个主要的数据源。

8.8.1 美国国家公路交通安全管理局（NHTSA）

美国国家公路交通安全管理局（National Highway Traffic Safety Administration，NHTSA）的统计与分析中心保存着美国全国各种类型的警方事故报告。而记录事故报告的档案库被称为国家交通事故采集系统（National Accident Sampling System，NASS）。该系统创建于 20 世纪 70 年代末，被纳入该系统的事故样本需要满足以下三个条件：

➢ 样本必须由警察提交。

➢ 样本中至少事故一方为机动车辆。

➢ 样本中事故一定要存在人员伤亡或财产损失。

NASS 管理人员会组织调查小组去检查事故的现场和车辆情况，检查医疗和驾驶员的记录，并采访所有的车辆乘客。每年都有超过 10000 起案例被 NASS 管理组的各类调查团队调查。NASS 存在的主要优势如下：

➢ 事故频率由国家统一估计。

➢ 事故调查全面。

➢ 包含货车事故的细节。

相对的，NASS 也存在两个主要的缺陷。第一，缺乏事故起因的细节分析；第二，数据库中统计的重型货车交通事故数量较少。

8.8.2 美国国家运输安全委员会（NTSB）

美国国家运输安全委员会（National Transportation Safety Board，NTSB）实行多模式的交通事故现场调查方案。该方案的基础是，为每一种模式定义一起主要的车辆事故，并按照相关联邦法规条文表示出来。

在 20 世纪 80 年代末，国家运输安全委员会开展了一个针对重型货车安全的研究项目，该项目采集了约 200 起有关重型货车的交通事故，且事故均满足以下两个条件：

➢事故中至少涉及一辆载重量超过 4.5t 的货车。

➢货车的受损程度已经达到不能自己开动，需要从事故现场拖走的地步。

该研究的优点主要为：第一，对事故的调查非常全面；第二，包含货车较详细的细节特征；第三，研究的重点着眼于对事故中货车的研究。

不过，其主要缺点也同样明显：调查的事故样本有限，并不能代表所有的货车事故，不具有普适性。

8.8.3 美国联邦公路管理局（FHWA）

从 1973 年开始，美国联邦公路管理局（Federal Highway Administration，FHWA）开始创建汽车运输事故的数据库，名为汽车运输安全管理信息系统（Motor Carrier Safety Management，Information System，MCMIS）。该系统记录了符合规定报告标准的全部联邦机动车事故。在 1986 年之前，上述标准要求纳入系统的事故报告中至少有一人死亡、一人受伤，或者造成超过 2000 美元的财产损失。

在 1986 年 1 月，报告标准中的财产损失从 2000 美元增加至 4200 美元，而到 1987 年 3 月，增长至 4400 美元。这之后，该项金额一直随着国民生产总值的通货膨胀指数的增加而增加。

相比其他的国家事故数据库，FHWA 的数据库提供了更多货车事故特征的相关细节。它记录了承运人的身份和地址、事故地点、货物信息、事件的重要特征、事故影响因素，以及事故导致的后果。

MCMIS 的主要优势在于其中包含了良好的货车事故的具体细节。相对的，它的主要缺点是：第一，样本不完全，有些货车并没有记录在数据库中；第二，过于要求其报告的准确性和完整性；第三，该系统依赖于汽车运营商的参与。

8.8.4 密歇根大学交通运输研究所（UMTRI）

近年来，密歇根大学交通运输研究所（University of Michigan Transportation Research Institute，UMTRI）参与了一个正在进行的数据库项目，该项目需要将 NHT-

SA 的致命事故报告系统（Fatal Accident Reporting System，FARS）和 FWHA 的 MCMIS 相结合。该项目首先需要对 FARS 数据库中所有的重型货车事故进行识别，并与 MCMIS 匹配这些事故发生时的死亡事故记录，以及对照相应的警方事故报告，之后生成一个包含调查得到的所有基本信息的事故报告。

需要注意的是，UMTRI 的数据库分析仅限于死亡事故，其结果可能无法代表美国发生的大多数货车事故。该数据库的其他详细信息可在相关文章中查找。

8.8.5　保险行业

美国承保汽车运输企业的保险公司保存着保险索赔和政策上的相关统计和财务信息（或数据）。这些数据同样会被参保的公司提交至保险服务事务所（Insurance Services Office，ISO）。ISO 是美国的一个非营利组织，为美国财产/人身保险公司提供各种各样相关的数据服务，并且该事务所被允许调查各种类型的数据来组建对应的数据库，内容一般包括地理位置、车辆年龄、赔偿金额、驾驶人年龄和车重等。

该数据库并不是进行安全性分析的主要信息来源。该数据库的其他详细信息可在相关文章中查找。

8.9　特定国家的机动车交通事故

与机动车相关的交通事故已经成为全球范围内的焦点问题。表 8-1 中给出了在 1996 年一些特定国家的交通事故死亡总人数和每 10 万辆车的死亡人数，直观地体现出提升公共汽车和货车安全标准的重要性。

表 8-1　1996 年一些特定国家的交通事故死亡总人数和每 10 万辆车的死亡人数

编号	国家	死亡总人数	每 10 万辆车死亡人数
1	美国	41907	20.8
2	泰国	15000	125
3	日本	11674	17.4
4	德国	8758	20.2
5	法国	8541	27.8
6	英国	3598	12.8
7	沙特阿拉伯	3123	62.4
8	加拿大	3082	18.5
9	澳大利亚	1973	17.6
10	荷兰	1180	18.5
11	奥地利	1027	25.6
12	爱尔兰	453	40.4

习 题

1. 写一篇关于货车和公共汽车安全的小论文。
2. 讨论一下前 10 种货车与公共汽车安全的热点问题。
3. 5 个最重要的货车安全相关实例和数据是哪些？
4. 列出最常提到的货车安全问题。
5. 影响货车安全的最常见因素有哪些？
6. 提出并讨论能够提升货车安全的有效建议。
7. 有关车辆安全方面的主要数据源有哪些？
8. 能够提升公共汽车安全的关键设计有哪些？
9. 讨论一下 1966—1991 年期间，英国公共汽车和长途客车事故引起的死亡人数及重伤人数的变化趋势。
10. 货车驾驶员的四个基本安全小贴士是什么？

参考文献

[1] TRB. 2007. The domain of truck and bus safety research. Transportation research circular No. E-C117. Transportation Research Board, Washington, D.C.
[2] Zaloshnja, E., and T. Miller. 2002. Revised costs of large truck- and bus-involved crashes. Final report, Contract No. DTMC75-01-P-00046. Federal Motor Carrier Safety Administration (FMCSA), Washington, D.C.
[3] Hamilton, S. 1995. The top truck and bus safety issues. *Public Roads* 59 (1): 20.
[4] Cox, J. 1996. Tips on truck transportation. *American Papermaker* 59 (3): 50–53.
[5] Seiff, H. E. 1990. Status report on large-truck safety. *Transportation Quarterly* 44 (1): 37–50.
[6] FMCSA. 2005. Large truck crash facts 2003. Report No. FMCSA-RI-04-033. Federal Motor Carrier Safety Administration (FMCSA), Washington, D.C.
[7] CDC. 2004. Work-related roadway crashes: Who's at risk? Workplace safety and health fact sheet, DHHS (NIOSH) publication No. 2004-137. Department of Health and Human Services (DHHS), Centers for Disease Control (CDC), Washington, D.C.
[8] Gillen, M., D. Baltz, M. Gassel, L. Kirsch, and D. Vaccaro. 2002. Perceived safety climate, job demands, and coworker support among union and non union injured construction workers. *Journal of Safety Research* 33:33–51.
[9] Zohr, D. 1980. Safety climate in industrial organizations: Theoretical and applied implications. *Journal of Applied Psychology* 65 (1): 96–102.
[10] O'Toole, M. F. 2002. Successful safety committees: Participation not legislation. *Journal of Safety Research* 33:231–243.
[11] Arboleda, A., P. C. Morrow, M. R. Crum, and M. C. Shelley II. 2003. Management practices as antecedents of safety culture within the trucking industry: Similarities and differences by hierarchical level. *Journal of Safety Research* 34:189–197.

[12] Saccomanno, F. F., L. Craig, and J. H. Shortreed. 1997. Truck safety issues and recommendations: Results of the conference on truck safety: Perceptions and reality. *Canadian Journal of Civil Engineers* 24:326–332.

[13] White, P., and N. Dennis. 1995. Analysis of recent trends in bus and coach safety in Britain. *Safety Science* 19:99–107.

[14] Olivares, G., and V. Yadav. 2007. Mass transit bus–vehicle compatibility evaluations during frontal and rear collisions. In *Proceedings of the 20th International Conference on the Enhanced Safety of Vehicles*, 1–13.

[15] Matteson, A., D. Blower, D. Hershberger, and J. Woodrooffe. 2005. Buses involved in fatal accidents: Fact book 2001. Center for National Truck and Bus Statistics, Transportation Research Institute, University of Michigan, Ann Arbor.

[16] Yang, C. Y. D. 2007. Trends in transit bus accidents and promising collision countermeasures. *Journal of Public Transportation* 10 (3): 119–136.

[17] Mateyka, J. A. 1974. Maintainability and safety of transit buses. In *Proceedings of the Annual Reliability and Maintainability Symposium*, 217–225.

[18] Abkowitz, M. 1990. Availability and quality of data for assessing heavy truck safety. *Transportation Quarterly* 44 (2): 203–230.

[19] NHTSA. 1985. National Accident Sampling System (NASS): Analytical user's manual. National Highway Traffic Safety Administration, Washington, D.C.

[20] TRI. 1984. Trucks involved in fatal accidents. Report No. UMTRI-86-24. Transportation Research Institute, University of Michigan, Ann Arbor.

[21] DOT. 1986. Development of a large truck safety data needs study plan. Federal Highway Administration, U.S. Department of Transportation, Washington, D.C.

[22] ISO. 1987. Insurance data: A close look. Insurance Series. Insurance Services Office, Jersey City, N.J.

[23] Al Mogbel, A. 2000. Saudi Arabian Ministry of Communications and its role in improving traffic safety. *Institute of Transportation Engineers (ITE) Journal*, June: 46–50.

第9章 航空与船舶安全

9.1 简介

航空与船舶是当今全球交通运输的两个重要方式。全球900家航空公司总共拥有约22000架飞机，每年运输超过16亿商务及休闲旅客。全世界大概有90000艘商用船舶，运输了世界上超过90%的货物。

航空与船舶安全一直是一项重要课题，多年来已经出现了多种改进措施。例如，在美国的民航领域，1926年通过了商务航空法。该法案要求对飞行员和飞机进行审查与许可，执行一定的事故调查，并建立安全准则。由于这些措施，航空领域的安全得到了显著改善，目前航空运输的事故率大概是每一百万次航班一例死亡。

在海上运输领域，一直存在许多事故和其他安全相关问题。例如，英国航运公司旗下的泰坦尼克号皇家邮轮在1912年沉没，导致了1517名船上人员死亡。近些年来，海上运输领域的安全问题已经得到了显著改善，但它仍然十分重要。

本章将向读者介绍与航空和船舶安全相关的重要问题。

9.2 美国航空相关的死亡率与事故率

美国航空事故研究的历史可追溯到1926—1927年，当年共发生了24起严重的商用航空事故。1929年有51起航空事故，造成61人死亡，这也使得该年成为航空历史上最糟糕的年份，事故率大约为每飞行一百万英里㊀一例死亡。美国的航空安全这些年来得到了大幅提高，但仍有许多航空相关死亡事故。

表9-1给出了1983—1995年间美国商用飞机事故的死亡人数。1989—1995年间的每一百万航班事故发生率分别为0.37、0.29、0.33、0.22、0.28、0.27与0.40。

与其他行业相比较，航空死亡事故是极低的。例如，在1995年，人们死于机动车事故和死于溺水的概率分别是死于飞机事故概率的300倍和30倍。

㊀ 1英里≈1.6千米。

表 9-1 1983—1995 年间美国航空相关事故死亡人数

编号	年份	死亡人数
1	1983	8
2	1984	0
3	1985	486
4	1986	0
5	1987	212
6	1988	255
7	1989	259
8	1990	8
9	1991	40
10	1992	25
11	1993	0
12	1994	228
13	1995	152

9.3 航空器事故及空难致因

飞行过程可分为 9 个不同的子过程：滑行、起飞、初始爬升、爬升、巡航、下降、进近、降落和着陆。以往的经验表明，不同飞行子阶段的事故发生率有着显著差异。例如，在 1987—1996 年期间，滑行子阶段发生的航空事故比例最低，而降落子阶段的比例最高。

具体来说，1987—1996 年期间各子阶段事故百分比的粗略分解为：1%（滑行）、5%（巡航）、7%（下降）、8%（爬升）、10%（初始爬升）、11%（进近）、14%（起飞）、21%（着陆）、23%（降落）。1990—1996 年间的事故数据表现出类似趋势。

以往的经验表明，飞机坠毁有着诸多原因。例如，一份针对 1975—1994 年间美国国内航班的 19 例重大事故（至少 10% 的机上乘客死亡）的研究指出了发生这些事故的 8 个不同原因。这些原因（括号中为相应的事故数）如下：

- 雷暴风切变（4）。
- 冰积聚（3）。
- 地面或空中碰撞（3）。
- 液压故障（2）。
- 失去动力（2）。
- 起飞时襟翼错位（2）。
- 蓄意破坏（1）。
- 未知原因（2）。

9.4 国际航空事故分析

航空是世界范围内广泛使用的一种运输方式。目前，全世界有超过16000架喷气式飞机投入使用，每年约有1700万个商业班次。一份针对全球商用飞机业务计划的研究表明，1959—2001年间共有1307次航空事故，造成24700名机载人员死亡。根据业务类型，这1307次事故可分为以下几类：

➢ 乘客运输：1033次事故（79%）。

➢ 货物运输：169次事故（13%）。

➢ 测试、培训、示范或飞机运送：105次事故（8%）。

美国和加拿大约占这1307起事故的34%（445起事故），在全球的24700名机载人员死亡中约占25%（6077例）。一份针对1959—2001年期间事故数据的研究表明，世界商用飞机的事故率（每百万班次的事故）在1974—2001年期间已经相当稳定了。关于该主题的其他信息可在相关文献中找到。

9.5 空中安全相关的监察机构及其职能

美国有两个作为公众监察部门的机构来监督航空工业安全，分别为联邦航空管理局（FAA）和国家运输安全委员会（NTSB）。两个机构的历史都可追溯到1940年，当时民用航空当局一分为二：民用航空管理局（CAA）和民用航空安全委员会（CAB）。

从那以后，CAA已经演变为联邦航空管理局（FAA），类似地，CAB也演变为国家运输安全委员会（NTSB）。目前，FAA和NTSB都是美国交通运输部的一部分。下面的小节将介绍一下FAA和NTSB的职责。

9.5.1 美国联邦航空管理局职能

美国联邦航空管理局（FAA）有许多职能。主要的如图9-1所示。

9.5.2 美国国家运输安全委员会职能

美国国家运输安全委员会（NTSB）在航空工业部门内外都有其职责。更具体地说，除了调查航空相关事故，NTSB同样有责任调查其他交通方式中的重大事故，比如水运事故与道路事故。NTSB主要的责任如下所示：

➢ 维护航空事故的政府数据库。

➢ 进行交通安全相关课题的特殊研究。

➢ 提出适当的安全建议以防止潜在事故的发生。

➢ 作为FAA相关事务的“上诉法院”。

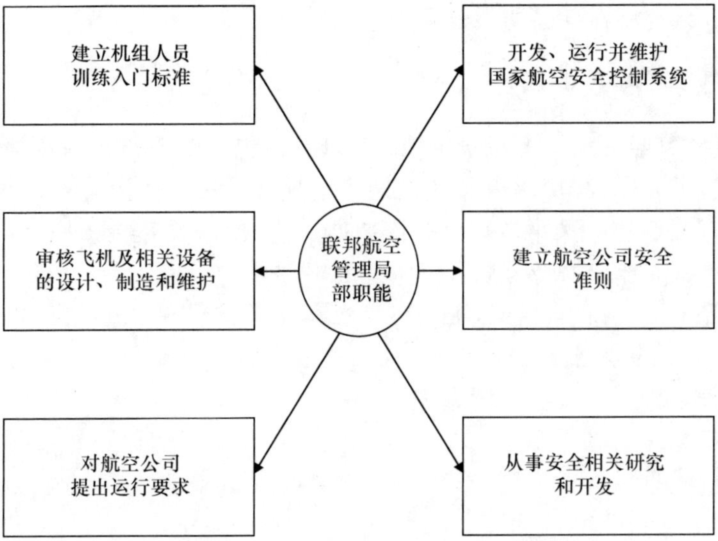

图 9-1　联邦航空管理局主要职能

9.6 航空记录与报告系统

全世界有各种类型的航空记录和报告系统。在美国，主要有四个组织收集并分析航空安全相关的数据。这些组织分别是美国联邦航空管理局、美国国家运输安全委员会、美国航空航天局（NASA）、美国特殊项目研究管理局。但是，这些数据系统中只有部分对于获取航空安全相关的信息有用，如下所示：

- 事故/事件数据系统（AIDS）。
- 服务困难报告系统。
- 航空运营商数据系统。
- 航空安全分析系统。
- 空中近乎相撞数据库。
- 操作错误数据库。
- 飞行员偏差数据库。
- 航空运输监管系统（ATOS）。
- 航空事故/事件报告系统。
- 航空安全报告系统。
- 航空运输统计数据库。
- 国际民用航空组织（ICAO）的事故/事件报告系统（ADREP）。

- NTSB 事故/事件报告系统。

部分数据系统将在下面的小节中介绍。

9.6.1 事故/事件数据系统（AIDS）

事故/事件数据系统（AIDS）由 FAA 研发，包含了美国民航所有类别事件的数据记录。AIDS 包含了 1978 年以来的航空运输和通用航空相关的事件纪录，以及 1973 年以来通用航空相关事故纪录。该数据系统中的事件是指在 NTSB 的事故定义下，不满足飞机损坏或人身事故阈值条件的事件。

该数据系统所含的信息来自于多个信息源，包括 FAA 格式的事件报告 8020—5。系统中的数据分类如下：

- 位置信息。
- 飞机信息。
- 运营商信息。
- 记事。
- 发现。
- 天气或环境信息。
- 飞行员信息。

该数据系统的更多信息可在威尔斯（Wells）和罗德里格斯（Rodrigues）的相关文章内找到。

9.6.2 航空安全分析系统

航空安全分析系统由 FAA 开发，其数据库分为四类，如图 9-2 所示，分别为监管数据、适航性数据，运行数据和组织信息。

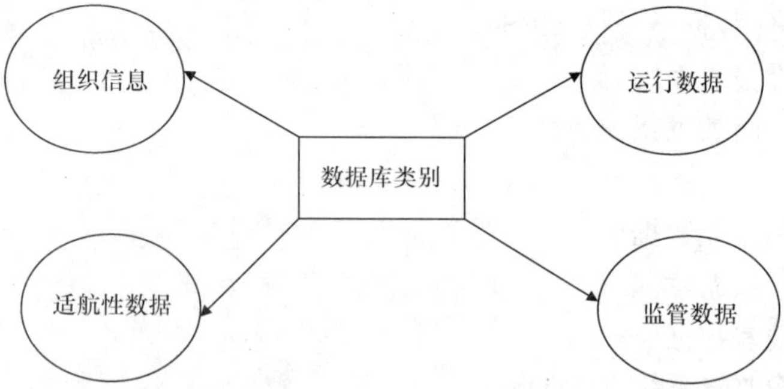

图 9-2　航空安全分析系统数据库目录

监管数据关注背景信息，比如拟议规则制订的通知、法律意见和以前的条例。适航性数据主要关注历史信息，如 FAA 指定的强制修改。运营数据关注航空环境，如跟踪空勤人员、飞机、运营商各自的事故、事件、强制动作，以及机械可靠性报告。最后，组织信息关注工作管理子系统所监控的航空规范相关任务，比如航空公司检查。

9.6.3 航空运输监察系统（ATOS）

航空运输监察系统（ATOS）于1998年建立。作为FAA认证和监督的现行途径，它采用系统安全原则和系统性的过程，来确保美国的航空公司遵守FAA规则和规定。与此同时，其内置的操作系统中设定了相应的安全等级。该系统将新检查任务的结构应用、分析过程和数据收集方法等项目也纳入了对各航空公司的监督过程。

在ATOS下，航空公司的运营分为7个系统，14个子系统和88个基本组成部分，这为识别人们所关注的风险领域、执行监控程序和收集数据提供了良好的构架。有关ATOS的更多信息可以在威尔斯（Wells）和罗德里格斯（Rodrigues）的相关文章中查阅。

9.6.4 事故/事件报告系统

事故/事件报告系统由美国交通运输安全委员会（NTSB）研发，其中包含了多年来美国发生的已知民用航空事故的信息。该数据库可简单地称为航空事故数据和起因的官方资源库。

数据库中的数据根据以下9个类别划分：

- 位置信息。
- 飞机信息。
- 事件结果。
- 运营商信息。
- 记事。
- 发现。
- 天气或环境信息。
- 损伤总结。
- 飞行员信息。

有关该系统的更多信息可在威尔斯（Wells）和罗德里格斯（Rodrigues）的相关文章中找到。

9.6.5 航空安全报告系统

航空安全报告系统是FAA、NASA和巴特尔纪念研究所共同努力的结果，由俄亥俄州哥伦布市的巴特尔研究所维护。这是一个自愿报告系统，空中交通管制员、飞行员以及其他人都可以提交航空相关事件的条目。该系统于1976年4月15日开始运作，目前已采集了大约500000份航空事件相关的报告。

航空安全报告系统的报告格式被设计为尽可能地收集最大体量的信息。有关该系统的更多信息可在威尔斯（Wells）和罗德里格斯（Rodrigues）的相关文章中找到。

9.6.6 ICAO的ADERP系统

国际民航组织（ICAO）的事故/事件报告系统（即ADREP）是一个建立于1970年的数据库。它包含了全球重于5700kg的飞机（固定翼飞机和直升机）的民用航空事故/事件的相关信息。ICAO基于该数据库提供以下信息：

➢ ADREP总结。该总结包括在两个月的周期内ICAO收到的ADREP初次报告和数据报告，每年发布6次。

➢ ADREP年度统计数据。这是ICAO的通告，包含数据库的年度统计数据。

➢ ADREP请求。这些是ICAO提供的，对来自某个国家的特定请求响应的计算机打印输出。

该数据库的更多信息可在相关文献中找到。

9.7 重大海洋事故

近年来发生了许多重大海洋事故。以下各小节将介绍一些较为值得关注的海洋事故。

9.7.1 “爱沙尼亚”号事故

“爱沙尼亚”号事故与一艘名为“爱沙尼亚”号的爱沙尼亚籍滚装客运渡轮有关。1994年9月27日，载有989名乘客的“爱沙尼亚”号离开爱沙尼亚首都塔林前往瑞典首都斯德哥尔摩，在1994年9月28日凌晨沉没于波罗的海北部。该事故共造成852人死亡。

随后的事故调查显示，弓板锁由于设计和制造缺陷而太不牢固，在恶劣天气时，这些锁发生损坏，并在拉开内弓坡道时造成弓板脱落，从而导致事故的发生。

9.7.2 “德比郡”号事故

“德比郡”号事故与一艘名为“德比郡”号的总载重量为16.9万t的大型散货船有关。1980年9月9日，在太平洋的台风期间，携带铁精矿的“德比郡”号莫名其妙地消失在驶往日本川崎的途中。这场悲剧造成了44人死亡（42名船员和两名船员妻子）。

造船厂根据英国政府1968年条例所述的干舷和舱口盖规范，设计制造了“德比郡”号。但对目前可接受的安全水平来说，类似德比郡号大小的散货船，其前舱口的最小舱口盖强度要求存在严重缺陷。

9.7.3　“声望”号事故

“声望”号事故涉及一艘有 26 年船龄的巴拿马籍单壳油轮［依据美国航运局（ABS）归类］——声望号。2002 年 11 月 5 日，声望号油轮载着 77000 吨重油离开拉脱维亚里加。2002 年 11 月 13 日，在距离西班牙海岸约 30 海里处，油轮在狂风大浪中发生严重右倾。船体右侧出现了大的裂纹，而且在失去了主要推进力后船体开始漂移。“声望”号的全部 27 名船员都安全撤离。2002 年 11 月 19 日，油轮裂成两半并沉没于离西班牙海岸约 133 海里处。这一事件所泄漏的原油严重污染了西班牙海岸，随后，欧盟禁止了单壳油轮从所有欧盟港口运载重油。

9.7.4　“自由企业使者”号事故

“自由企业使者”号事故涉及一艘名为“自由企业使者”号的客轮。1987 年 3 月 6 日，该船离开比利时泽布理赫港口，在出发仅仅 4min 后，船只便发生倾覆并造成至少 150 名乘客和 38 名船员死亡。船只倾覆是许多不利因素共同造成的，包括船首前倾、船体速度和首门敞开。

对“自业企业使者”号事故的公众调查是英国船舶安全的重要里程碑。它导致政府采取了一系列的措施，包括海洋安全相关规则和条例的更改、引入国家安全管理（ISM）代码到船舶的安全运行和污染防治中，以及船舶工业部门正规安全评估过程的发展。

9.8　船舶安全评估

船舶安全评估已经成为越来越重要的课题。风险与支出－收益评估技术被用于船舶安全决策的制订过程。该过程被称为正规安全评估（FSA），它由以下五步组成：

➢ 辨识危害。涉及危害识别，专门用于船舶安全相关问题的审查。定义的危害指可能造成人类伤害、财产损失、周围环境破坏危害，以及它们的物理组合情况。

➢ 评估风险。估计影响船舶安全水平的风险和因素。风险评估主要涉及研究危险事件（或状态）是如何发展和互相影响并最终造成事件（或事故）的。

➢ 提出风险控制选项。提出有效而实际的风险控制选项。之前步骤的结果用来确定高风险领域，以提出合理的风险控制措施。

➢ 确定降低风险的成本效益。在执行每一个之前确定的风险控制选项时，确定降低风险的成本收益。

➢ 做出决策。做出决策，并对船舶安全相关的改进提出合理建议。

9.9 船舶港口相关危险

多年来，发生了很多与船舶港口相关的事故，按照它们的危险性可分为以下几类：

➢ 导航。指那些可能造成船舶偏离预定航线或者指定通道的危险。这类危险的例子有导航误差、领航员失误以及船只不受控制。

➢ 冲击和碰撞。指船舶与移动或静止物体发生的相互作用，或者与其他船舶碰撞。这类危险的例子有船舶碰撞，停泊时的冲击，以及在泊位上的撞击。

➢ 操作。未能保持船舶在正确的航线或者未能如愿地放置船舶。这类危险的两种典型情况有精细操作失误和停泊（或离泊）失误。

➢ 载物泄漏。一般指危险物质的释放和散布。这类危险的两种典型情况有易燃物释放和有毒物质的释放。

➢ 船舶相关。指船舶具体操作和相关设备的危险。这类危险的包括系泊失败、锚定失败，以及装载或卸载事故等。

➢ 环境。指那些当天气超过船舶设计标准或者港口操作标准时发生的危险。这类危险的例子有极端天气、强劲的水流，以及风力超过港口标准等。

➢ 污染。属于这一类别的危险涉及对环境有害物质的泄漏，例如原油泄漏和其他货物的释放。

➢ 火灾/爆炸。指船舶或货舱的火灾或爆炸。这类危险的例子有货舱火灾或爆炸、住所火灾、发动机室火灾以及其他火灾。

9.10 全球海上安全预警系统（GMDSS）

GMDSS 是基于卫星和地面无线电设备的服务组合，它可提供船舶自动遇险报警和定位，从而消除了电报员发送 SOS/求救请求（一种莫尔斯电码遇险信号）的需要。CMDSS 可被简单表示为安全相关程序、设备类型以及通信协议的一种国际通用集，用以增加安全性并使得营救遇险船舶、小艇和飞机更为容易。

GMDSS 由许多系统组成，其中一些刚刚出现，但多数系统已经运营了很多年。该系统主要实现如图 9-3 所示的主要功能。注意，GMDSS 还提供危险预警以及应急电力资源。

GMDSS 中应用的一些主要类型设备如下：

➢ 应急无线电示位标（EPIRB）。该设备（或系统）需与卫星辅助搜救系统（一个由加拿大、美国、俄罗斯和法国建立的国际卫星搜救系统）相协作。自动启动的 EPIRBS 可通过卫星系统，从世界的任何角落将信息发向预警搜救协调中心。

➢ 航行电传（Navigational Telex，NAVTEX）。这是一个国际性的自动系统，用

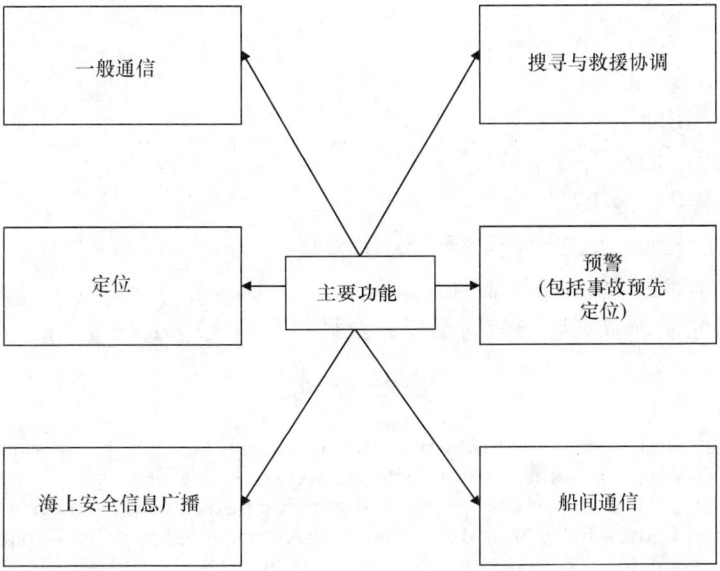

图9-3 全球海上安全预警系统的主要功能

于散布海上航行相关警告、搜救通知、天气预报和警示等。

➢ 国际移动卫星系统（Inmarsat Satellite System）。国际移动卫星公司是一家英国卫星通信公司。它运营的，并由国际移动卫星组织监督的卫星系统是GMDSS的重要组成部分。国际移动卫星组织的船-地-卫星终端B、C和F77是GMDSS认可的系统。

➢ 数字选择性呼叫（Digital Selective Calling，DSC）。这是GMDSS的一部分，基本上是为了实现船对船、船对岸，以及岸对船间的无线电话和中频/高频无线电电传调用。

➢ 搜救应答器（Search－and－Research Transponder，SART）设备。这些设备通过在救助船的雷达显示器上产生一系列的点，用于定位幸存飞机和遇险船只。

习 题

1. 写一篇关于航空和船舶安全的小论文。
2. 讨论美国航空相关死亡事故和事故率。
3. 空难的原因是什么?
4. 美国联邦航空管理局（FAA）的主要职能是什么?
5. 列出至少10个可用于获取航空安全相关信息的数据系统。
6. 描述以下两个数据系统:

   a. 航空安全报告系统
   b. 事故/事件数据系统
7. 讨论以下三起海上事故：
   a. “德比郡” 号事故
   b. “爱沙尼亚” 号事故
   c. “声望” 号事故
8. 描述全球海上安全预警系统（GMDSS）。
9. 讨论船舶港口相关危险。
10. 描述船舶领域实现安全的正规安全评估（FSA）方法。

参考文献

[1] ATAG. Facts and figures. Air Transport Action Group, Geneva, Switzerland. http://www.atag.org/content/showfacts.asp accessed June 2008.
[2] IATA. 2006. Fast facts: The air transport industry in Europe has united to present its key facts and figures. International Air Transport Association, Montreal, Canada. http://www.iata.org/pressroom/economics-facts/stats/2003-04-10-01.htm accessed December 2007.
[3] Dhillon, B. S. 2007. *Human reliability and error in transportation systems*. London: Springer.
[4] Gardiner, R., ed. 1992. *The shipping revolution: The modern merchant ship*. London: Conway Maritime Press.
[5] Bone, K., ed. 1997. *The New York waterfront: Evolution and building culture of the port and harbour*. New York: Monacelli Press.
[6] Wells, A. T., and C. C. Rodrigues. 2004. *Commercial aviation safety*. New York: McGraw-Hill.
[7] Benowski, K. 1997. Safety in the skies. *Quality Progress*, January: 25–35.
[8] Howells, R. 1999. *The myth of the* Titanic. Basingstoke, U.K.: Macmillan.
[9] NTSB. 2007. Aviation accident synopses and statistics. National Transportation Safety Board, Washington, D.C. http://www.ntsb.gov/Aviation/Aviation.htm.
[10] Zammit-Mangion, D., and M. Eshelby. 2003. The role of take-off performance monitoring in future integrated aircraft safety systems. *IEE Digest*, no. 10203: 2/1–2/9.
[11] Matthews, S. 1997. Safety statistics: What the numbers tell us about aviation safety at the end of the 20th century. *Flight Safety Digest*, December: 1–10.
[12] Phillips, E. H. 2001. Global teamwork called key to improving aviation safety. *Aviation Week & Space Technology*, July: 70–74.
[13] Beck, M., M. Hosenball, M. Hager, K. Springen, P. Rogers, A. Underwood, D. Glick, and T. Stanger. 1995. How safe is this flight? *Newsweek*, April 24, 18–29.
[14] Boeing. 2001. Statistical summary of commercial jet aircraft accidents: Worldwide operations 1959–2001. Boeing Commercial Airplane Co., Seattle, Washington.
[15] ATA. 1995. The airline handbook. Air Transport Association of America, Washington, D.C. http://www.air-transport.org.
[16] ICAO. 1987. Accident/incident reporting manual (ADREP). Report No. 9156. International Civil Aviation Organization, Montreal, Canada.

[17] Wang, J. 2006. Maritime risk assessment and its current status. *Quality and Reliability Engineering International* 22:3–19.
[18] Wang, J. 2002. A brief review of marine and offshore safety assessment. *Marine Technology* 39 (2): 77–85.
[19] ABS. 2002. The *Prestige* casualty. Information update No. 5. ABS press release. American Bureau of Shipping, Houston, Texas.
[20] DfT. 1987. *Herald of Free Enterprise*: Fatal accident investigation. Report No. 8074. United Kingdom Department for Transport, Her Majesty's Stationery Office (HMSO), London.
[21] Trbojevic, V. M., and B. J. Carr. 2000. Risk based methodology for safety improvements in ports. *Journal of Hazardous Materials* 71:467–480.
[22] Wikipedia. 2010. Global Maritime Distress Safety System (GMDSS). http://en.wikipedia.org/wiki/Global_Maritime_Distress_Safety_System.

第10章 铁路与公路运输系统中的人为错误

10.1 简介

铁路与公路运输系统是一种重要的运输方式。每天，它们都将数以百万计的旅客和价值数百万美元的货物在世界范围内运输。例如，在美国，仅铁路系统就包括近3000个轨道终端和站点，服务超过600条小区域铁路和15条大型货运铁路；而美国商业机动车业务的收入也非常之高，每年大约为4000亿美元。

铁路和机动车运营的有效性、安全性和可靠性取决于交通规则、设备可靠性与安全性、安全制度和安全管理，以及人为因素等原因。由于人为因素的相关问题，世界上每年都有大量的铁路与机动车事故发生，造成许多死亡事故和高昂的经济损失。铁路与公路运输系统中的人为错误，也已经成为越来越重要的研究课题。

本章将介绍铁路与公路运输系统中与人为错误有关的各个重要方面。

10.2 铁路系统中人为错误相关的事实、数据和案例

以下是一些铁路系统中人为错误相关的事实、数据和案例：

- 1900—1997年间，发生在英国四条主要铁路上的141起事故中，约70%是人为错误造成的。
- 1999年，英国一起由于人为错误导致的火车事故造成31人死亡和227人受伤。
- 2005年，巴基斯坦一起由于人为错误导致的三辆火车相撞事故造成133人死亡。
- 在美国，2004年，大约53%的铁路调车场事故（不包括公路/铁路交叉口的火车事故）是由人为因素相关的问题造成的。
- 1970—1998年间，挪威的13起造成人员伤亡的铁路事故的原因中，大约62%是由于人为错误引起的。
- 每年发生在印度的超过400起铁路事故中，大约66%是直接或间接由于人为错误而引起的。
- 1989年的珀利，一辆英国伦敦至布莱顿铁路线上的火车，因人为错误而发

生事故，造成 5 人死亡 88 人受伤。

➢ 1988 年，英国伦敦克拉珀姆交汇站的一起因人为错误引起的铁路事故，造成 30 人死亡和 69 人受伤。

10.3 铁路操作相关的典型人为错误发生区域

虽然在铁路运营过程中许多领域可能发生人为错误，但在图 10-1 中给出了三种典型领域，每一种都将在以下的小节中讨论。

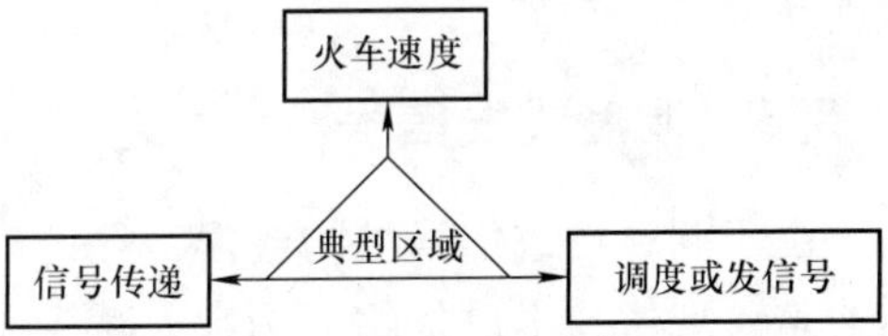

图 10-1　铁路运营中发生人为错误的典型领域

10.3.1　火车速度

多年来，超速的火车已经造成了许多起事故，因为一旦发生超速行为，火车驾驶员将会无法令火车及时减至规定时速。

超速可能性及其相关情况的因素取决于限速类型和周围情况。从驾驶员角度来看，基本上有三种类型的速度限制。

➢ 永久的速度限制。由于轨道曲线，或者一些现有的基础设施条件而实施于铁路轨道的某些路段。

➢ 有条件的速度限制。由于站点或交叉点的铁路线路相关设置，以及轨道的交通信号状态而实施的限制。

➢ 紧急或临时的速度限制。由于轨道相关维护工作或临时轨道问题（如冻胀和稳定性问题）而实施的限制。

10.3.2　信号传递

忽略停车信号而进行操作的火车会产生一种危险情况，可能导致本车与其他火车发生直接冲撞。这种情况通常被称为在危险信号下通过（Signal Passedat Danger，SPAD），SPAD 发生的主要原因如下：

➢ 对不同情况的火车适用于哪种信号的判断不足。

➢ 在恶劣天气等环境下对制动器效果判断失误。

➢ 因为低能见度而未能看清信号。

➢ 驾驶员未发觉信号或打瞌睡。

➢ 忽视信号。

➢ 误解信号。

➢ 不顾警告信号距离和制动性能超速。

铁路系统中每年在世界范围内都有许多 SPAD 相关事故发生。例如，仅英国在 1996—1997 年间，就有 653 起 SPAD 相关事件。一项针对荷兰 1983—1984 年间发生的 SPAD 事件的研究报告有以下发现：

➢ 在指定时期内，共有 214 起 SPAD 事件。

➢ 大约 90% 的事件发生于铁路调车厂货站点，并且其中大概 50% 与来车有关。

➢ 一周内每天和一年内每月 SPAD 事件发生的概率基本上没有差异。

➢ 早班岗似乎比晚班岗更容易发生 SPAD 事件。

➢ 火车驾驶员的经验或者路线知识，与 SPAD 事件发生的概率间没有任何相关性。

10.3.3 调度或发信号

由于调度员或信号员的错误，在调度和信号领域已经发生了许多铁路事故。幸运的是，现代技术设备的应用大大减少了相关人为错误的发生。有关这一主题的其他信息可在安德森的文章中找到。

10.4 铁路运营中铁路人员易于犯错的任务及诱因

铁路人员在日常工作环境中执行各种各样的任务。所有这些任务都受人为错误影响，但是以往的经验表明，一些特定任务相较于其他任务更易于发生人为错误。铁路人员执行的日常任务中易于发生严重人为错误的包括：

➢ 火车驾驶员控制火车。

➢ 铁路人员维护轨道。

➢ 切换控制点的人员。

➢ 铁路人员维护铁路系统（或设备）。

➢ 铁路人员维护有关车辆。

➢ 铁路人员装载货车。

➢ 站点主管或领班调度火车出铁路站点。

➢ 站点主管或领班接收火车进铁路站点。

在铁路运营中有许多错误成因。一份针对加拿大和美国的七条一级货运铁路以及数条区域道路的研究，对关于全部联邦铁路管理局（Federal Railroad Administration，FRA）报告的火车相关事故进行了超过六个月的统计，共报告了 67 起事故（或事件），并就导致错误发生的因素，对其中的 6 起事故（或事件）加以进一步研究。

该研究强调了最可能导致该 6 起事故（或事件）发生的 36 个因素。导致错误的因素分为以下四类：

➢ 操作行为。该类别包含 12 个影响因素，可进一步分为 3 组：决策错误、技术错误和违反常规。

➢ 监管因素。该类别包含 6 个影响因素，可进一步分为 2 组：监管不力和计划的不恰当操作。监管不力在所研究的 6 起事故（或事件）中的 3 起里被强调了 5 次，而计划的不恰当操作只与一起事故（或事件）有关。

➢ 组织因素。该类别包含 9 个影响因素，可进一步分为 2 组：组织过程和资源管理。组织过程影响因素在 6 起事故（或事件）中的 4 起里被强调了 6 次。它们主要涉及管理远程控制火车（RCL）操作的程序。6 起事件中的 2 起涉及 RCL 技术资源管理的应用，并且与三个影响因素有关，其中一个为人员配备不足。

➢ 操作员行为的先决条件。该类别包含 9 个影响因素，可进一步分为 2 组：物理环境和技术环境。在物理环境下，只有一个影响因素——场内照明不足——涉及 1 起事故（或事件）。在所研究的 6 起事故（或事件）中的 4 起里，共有 8 个影响因素与技术环境有关。这 8 个因素中的一个例子，是操作员无法判断火车的前进方向。

10.5 铁路运营中利用状态检查表来减少人为错误

本节介绍了一个陈述清单，清单中列举了一些有助于在铁路相关工程中确保良好的人为因素的实践。换句话说，这些行动将有助于减少铁路运营中的人为错误。表 10-1 中详细介绍了这些方法。

表 10-1　铁路运营中减少人为错误的方法

编号	描　述
1	所有人为因素计划方面都充分有效地纳入项目总体规划
2	为执行人为因素相关任务的人提供适当的资源和权限
3	执行人为因素相关任务的人能够胜任这些工作
4	任命协调员对人为因素进行有效的协调
5	清楚理解人动作间的每个依赖关系
6	人为因素得到与安全工程中任何其他领域同等的重视
7	在项目开始时便考虑人为因素的各个层面
8	人为因素的各个方面都充分有效地纳入安全参数
9	所有人为因素相关要求全部纳入到系统要求
10	有关人为因素的各类信息能够有效沟通
11	有效计算现有的和需要的终端用户能力
12	设计帮助潜在用户避免所有类型危害或从中恢复的系统
13	人为错误表征与其他安全分析方面的训练
14	清楚理解所执行的任务以便防止人为错误
15	有效利用各种可靠性分析方法
16	当考虑降低风险方法时，应涉及所有潜在用户
17	有效地对人为错误进行识别、建模和控制
18	识别、评估和减少人为错误风险被视为是任何安全相关过程的重要部分
19	在项目框架下，人为错误识别过程被有效地集成到总体危险识别过程中

10.6 公路运输系统人为错误相关因素

公路交通运输系统中一些人为错误相关的事实和数据如下所示：

➢ 世界每年的公路交通事故损失约为5000亿美元，并且到2020年，公路交通伤害将成为世界上第三大致残原因。

➢ 美国每年的道路事故中，造成超过40000人死亡和350万人受伤。美国高速公路事故的年度损失超过1500亿美元。

➢ 大约65%的机动车相关事故归因于人为错误。

➢ 美国每年大约有5000起货车相关的死亡事故发生。人为错误比机械问题发生得更为频繁。

➢ 1966—1998年期间，在印度、尼泊尔、泰国、坦桑尼亚和津巴布韦，超过70%的公共汽车事故是驾驶员错误造成的。

➢ 大约80%的重型货车事故是由于人为错误造成的。

➢ 大约57%的南非公共汽车事故是由于人为错误而发生。

➢ Zogby、Knipling和Werner的一项研究，大部分的乘用车-货车事故是由于乘用车驾驶人犯下的错误而发生。

10.7 驾驶人错误分类、常见的驾驶人错误及驾驶人错误排行

驾驶人会犯下各种各样可导致事故的错误。驾驶人错误可分为四个不同的类别，这些类别以发生频率降序排列，如下所示：

➢ 识别错误。

➢ 决策错误。

➢ 执行错误。

➢ 其他错误。

关于这些分类的其他信息可在相关文献中找到。根据各项研究，最常见的驾驶人错误如下所示：

➢ 车距过近。

➢ 突然变道。

➢ 面对对向交通流时通行或超车。

➢ 超车前紧跟前车。

➢ 压线行驶。

➢ 在十字路口或交叉点超车。

➢ 超速。

➢ 对正在超车的机动车车距过近。

多年来，专家学者们已经对驾驶人错误从最高发生率到最低发生率进行了各种研究并进行排名。其中一项研究将驾驶人错误（或原因）根据发生频率从最高到最低排列如下：缺乏关注、速度过快、观望却没有看到、分神、缺乏经验、不注意观察、路径不正确、注意力不集中、不当的超车、不正确的解读、缺乏判断力、距离和速度判断失误、车距过近、困难的动作、不计后果或不负责任、不正确的决策（或动作）、缺乏安全教育或责任感、错误的信号、技能不足。

10.8 商务车驾驶员的操作影响

商务车驾驶员往往在复杂操作环境下工作，因此，操作影响在该类人群易发生的人为错误中扮演着重要角色。如图 10-2 所示，操作环境主要包括四个重要因素，分别为工作需要、公司管理层强调的实践、劳工政策和传统，以及政府或其他机构的规定和违规惩罚。

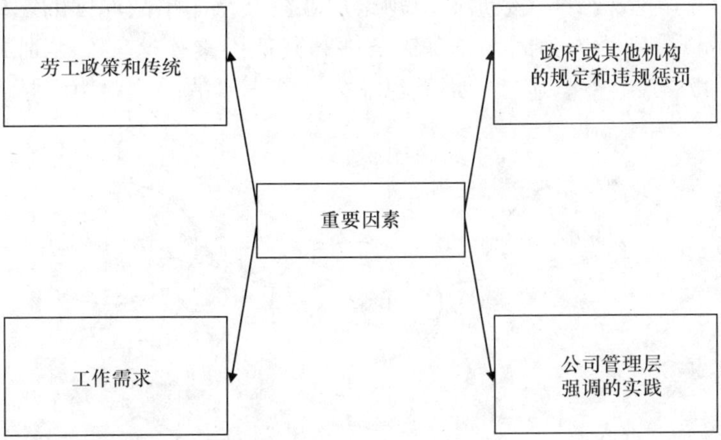

图 10-2　商务车驾驶员驾驶环境的重要因素

工作需要的一个典型例子是客户交货时间表，公司管理层强调的实践做法包括调度、培训和工作表现的安全奖励等项目。剩下两个要素——劳工政策和政府规定与字面意思相同，不做赘述。

10.9 特定发展中国家的公共汽车事故及导致事故的驾驶员错误

公共汽车是一种重要的交通运输方式。每年，公路事故导致世界上大约 80 万人死亡和 2000 万～3000 万人受伤。大约 70% 的事故发生在发展中国家。实际上，发展中国家每辆注册车的死亡率至少比高度工业化国家高 10 ~ 20 倍。一项公路事故的研究报告指出了五个发展中国家 1966—1998 年期间的公共汽车事故率：

- 坦桑尼亚：24%。
- 津巴布韦：15%。
- 尼泊尔：14%。
- 印度：8%。
- 泰国：5%。

类似地，五个国家同时期内每起公共汽车事故的死亡人数如下：

- 坦桑尼亚：0.39。
- 津巴布韦：0.02。
- 尼泊尔：0.76。
- 印度：0.17。
- 泰国：0.34。

这些数据显示，坦桑尼亚有着最高的公共汽车事故/总公路事故比例，尼泊尔的每起公共汽车事故死亡人数最高。坦桑尼亚公共汽车事故原因的三种主要分类如图 10-3 所示，分别为人为因素、车辆条件和其他因素。这三个类别的故障占比分别为 76%、17% 和 7%。显然，坦桑尼亚公共汽车事故的主要原因是人为错误。

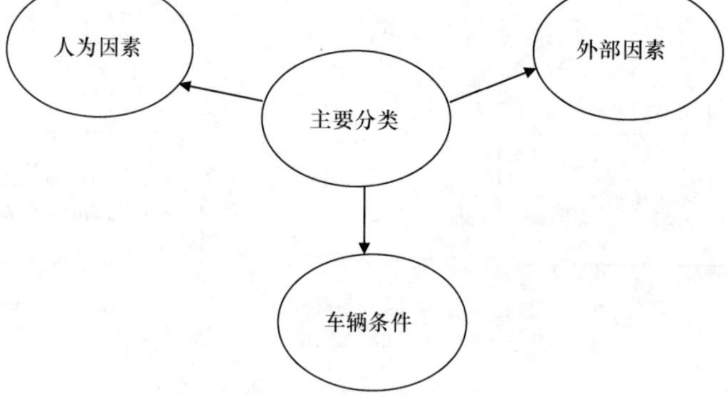

图 10-3　坦桑尼亚公共汽车事故原因的主要分类

类似地，尼泊尔公共汽车事故可能原因的主要分类如图 10-4 所示。

一项针对 1966—1998 年期间坦桑尼亚、津巴布韦、尼泊尔、印度和泰国公共汽车事故的研究显示，70% ~ 80% 的公共汽车事故是驾驶员错误造成的。

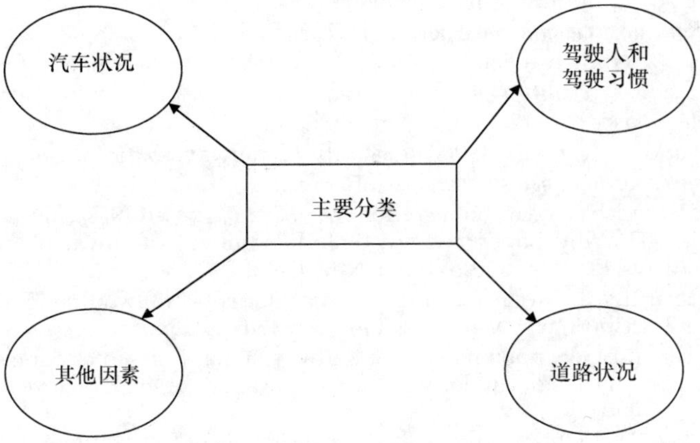

图 10-4 尼泊尔公共汽车事故原因的主要分类

习 题

1. 写一篇关于铁路和公路运输系统中人为错误的小论文。
2. 列出至少 10 个铁路和公路交通运输系统中有关人为错误的事实和数据。
3. 讨论铁路运营中人为错误发生的典型区域。
4. 铁路人员执行的日常任务中哪些易于导致严重人为错误?
5. 讨论铁路运营中的错误致因。
6. 写出铁路运营中减少人为错误最重要的 10 条方法。
7. 写出至少 8 种最常见的驾驶员错误。
8. 讨论商务驾驶员的操作影响。
9. 讨论发展中国家的公共汽车事故及事故相关的驾驶员错误。
10. 比较铁路和公路交通运输系统中的人为错误。

参 考 文 献

[1] Zogby, J. J., R. R. Knipling, and T. C. Werner. 2000. Transportation safety issues. Report by the Committee on Safety Data, Analysis, and Evaluation. Transportation Research Board, Washington, D.C.
[2] Dhillon, B. S. 2007. *Human reliability and error in transportation systems*. London: Springer-Verlag.
[3] Reinach, S., and A. Viale. 2006. Application of a human error framework to conduct train accident/incident investigations. *Accident Analysis and Prevention* 38:396–406.
[4] FRA. 2003. Federal Railroad Administration (FRA) guide for preparing accident/incident reports. Report No. DOT/FRA/RRS-22. FRA Office of Safety, Washington, D.C.

[5] Whittingham, R. B. 2004. *The blame machine: Why human error causes accidents.* Oxford, U.K.: Elsevier Butterworth-Heinemann.
[6] Hall, S. 1997. *Railway accidents*. Shepperton, U.K.: Ian Allan Publishing.
[7] Anderson, T. 1999. Human reliability and railway safety. In *Proceedings of the 16th European Safety, Reliability, and Data Association (ESREDA) Seminar on Safety and Reliability in Transport*, 1–12.
[8] Hudoklin, A., and V. Rozman. 1996. Reliability of railway traffic personnel. *Reliability Engineering and System Safety* 52:165–169.
[9] CNN. 2005. Train wreck blamed on human error. *Cable News Network* (CNN), July 14.
[10] Railway Board. 2003. White paper on safety on Indian railways. Railway Board, Ministry of Railways, Government of India, New Delhi.
[11] DfT. 1989. Report: Investigation into the Clapham Junction railway accident. Department for Transport, Her Majesty's Stationery Office, London.
[12] Van der Flier, H., and W. Schoonman. 1988. Railway signals passed at danger: Situational and personal factors underlying stop signal abuse. *Applied Ergonomics* 19:135–141.
[13] Railway Safety. 2003. Human error: Causes, consequences, and mitigations. Application Note 3. London: Railway Safety, Evergreen House.
[14] Odero, W. 2004. Road traffic in Africa: Context and priorities. Presented at the Global Forum for Health Research Conference (Forum 8), November. Available from the School of Public Health, Moi University, Eldoret, Kenya.
[15] Krug, E., ed. 1999. Injury: A leading cause of the global burden of disease. World Health Organization (WHO), Geneva, Switzerland.
[16] Murray, C. L. J., and A. D. Lopez. 1996. *The global burden of disease*. Boston: Harvard University Press.
[17] Hall, J. 1998. Keynote address. The American Trucking Association's Foundation Conference on Highway Accidents Litigation, National Transportation Safety Board, Washington, D.C.
[18] Driving related facts and figures, U.K., July 2006. www.driveandsurvive.ca.uk/cont5.htm accessed March 2007.
[19] *Detroit News*. 2000. Trucking safety snag: Handling human error. July 17.
[20] Pearce, T., and D. A. C. Maunder. 2000. The causes of bus accidents in five emerging nations. Transport Research Laboratory, Wokingham, U.K.
[21] News Bureau (UW). 1995. Human error to blame for most truck mishaps, UW prof. says. News Bureau, University of Waterloo (UW), Ontario, Canada, April 18.
[22] SAPA. 2003. Poor bus accident record for Gauteng. South African Press Association (SAPA), Cape Town, South Africa, July 4.
[23] Zogby, J. J., R. R. Knipling, and T. C. Werner. 2000. Transportation safety issues. Report by the Committee on Safety Data, Analysis, and Evaluation. Transportation Research Board, Washington, D.C.
[24] Treat, J. R. 1980. A study of pre-crash factors involved in traffic accidents. Report No. HSRI 10/11, 6/1. Highway Safety Research Institute (HSRI), University of Michigan, Ann Arbor.
[25] Rumar, K. 1990. The basic driver error: Late detection. *Ergonomics* 3: 1281–1290.
[26] Harvey, C. F., D. Jenkins, and R. Sumner. 1975. Driver error. Report No. TRRL SR 149. Transportation and Research Laboratory (TRRL), Department of Transport, Crowthorne, U.K.
[27] Brown, I. D. 1990. Drivers' margin of safety considered as a focus for research on error. *Ergonomics* 33:1307–1314.
[28] Jacobs, G., A. Aeron-Thomas, and A. Astrop. 2000. Estimating global road fatalities. Report No. TRL 445. Transport Research Laboratory (TRL), Wokingham, U.K.
[29] Maunder, D. A. C., and T. Pearce. 1998. Bus safety in Nepal. *Indian Journal of Transport Management* 22 (3): 10–16.

第11章 航空与海上运输系统中的人为错误

11.1 简介

航空和海上交通运输系统已经成为全球经济的重要组成部分。每年世界上超过16亿人次通过航空公司进行商业旅行和休闲旅行。同时在全球范围内大约有90000艘商船，超过90%的货物通过商船进行运输。

多年来整体的航空事故率已经大幅下降（航空旅程的事故率大约是每百万架次有一例死亡），但遗憾的是，航空事故中人为错误相关事故的降低速度没能跟上事故减少的步伐。事实上，随着机械设备已经变得更为可靠，人为错误已经越来越成为民用和军事航空事故中的重要原因。

关于海上交通系统，一艘现代化船舶包含许多系统（或设备、部分），它们均需要不同程度的人为干涉。航运业所有事故中大约80%与人类错误有关。

本章介绍了航空和海上运输系统中人为错误的重要方面。

11.2 航空运输系统

11.2.1 航空中的人为错误：事实、数据和案例

航空中有关人为错误的一些事实、数据和案例如下所示：

➢ 波音公司颁布的一项研究报告显示，驾驶舱机组人员失误已经成为全世界超过73%航空事故的影响因素。

➢ 根据《科学日报》报道的一项研究，所有发生在机场的重大航空事故中大约45%是飞行员错误导致的。相比之下飞行员错误仅占在其他地方发生的重大事故的28%。

➢ 美国国家航空航天局的一项研究报告显示，自从20世纪50年代后期涡轮喷气式商用飞机问世以来，超过70%的航空事故涉及一定程度的人为错误。

➢ 美国一项针对重大航空事故的研究报告显示，飞行员错误占1983—1989年期间发生所有事故的43%，不过在1990—1996年期间降至34%。

➢ 根据《科学日报》报道的一项研究，1983—1996年期间共有29798起一般

航空事故，1735 起通勤飞机/航空包机事故，以及 371 起重大航空事故。一份针对这些事故的研究指出，飞行员错误是 38% 重大事故、74% 通勤飞机/航空包机事故，以及 85% 一般航空事故的可能原因。

➢ 1978 年美国联合航空公司的一架载有 189 人的道格拉斯 DC－8 飞机在俄勒冈州波特兰着陆时由于飞行员错误而失事，造成 10 名机上人员死亡。

➢ 1982 年佛罗里达航空公司一架波音 737 飞机坠落于华盛顿特区，副驾驶在起飞前对飞行员发出了加速阶段机速过于缓慢的多次警告，但飞行员并没有在意，进而导致事故发生。

11.2.2 商业航空事故中与飞行员错误相关的组织因素

近几十年来，挑战者号航天飞机失事、切尔诺贝利核事故和派珀阿尔法石油平台灾难等事故的发生，已经使得组织因素在高危系统事故原因中的角色备受关注。尤其在航空事故中，组织因素被格外强调，并且在组织因素相对于飞行员错误在航空事故中的角色方面已经进行了各种研究。

一项研究分析了美国国家交通运输安全委员会（NTSB）1990—2000 年间的商业航空事故数据记录。该研究报告称，这时期内发生的 1322 起事故中有 60 起可直接或间接地归因于 70 种组织原因（或因素）所引起的飞行员错误。

这些原因（或因素）分为 10 个不同的类别，如图 11-1 所示。图 11-1 还在括号中显示了每一种类别相应的简短描述。

在图 11-1 中，组织原因或因素的 10 种类别中，每一种的百分比如下：

➢ 糟糕的程序或指令：21%。

➢ 糟糕的初始化、升级或应急训练（或过渡）：18%。

➢ 糟糕的运营监管：13%。

➢ 低效或不及时的信息共享：12%。

➢ 不适当的标准（或要求）：12%。

➢ 管理层运营监管不力：10%。

➢ 管理（或公司）引起的压力：6%。

➢ 错误的文件：4%。

➢ 糟糕的实施过程：3%。

➢ 设施不完善：1.5%。

11.2.3 机组人员决策错误诱因

过去的经验表明，有许多因素可能导致机组人员应对事件时产生决策错误。考虑到这些因素可能导致决策错误，进而造成严重后果，必须对它们进行仔细和小心地评估，具体如图 11-2 所示。

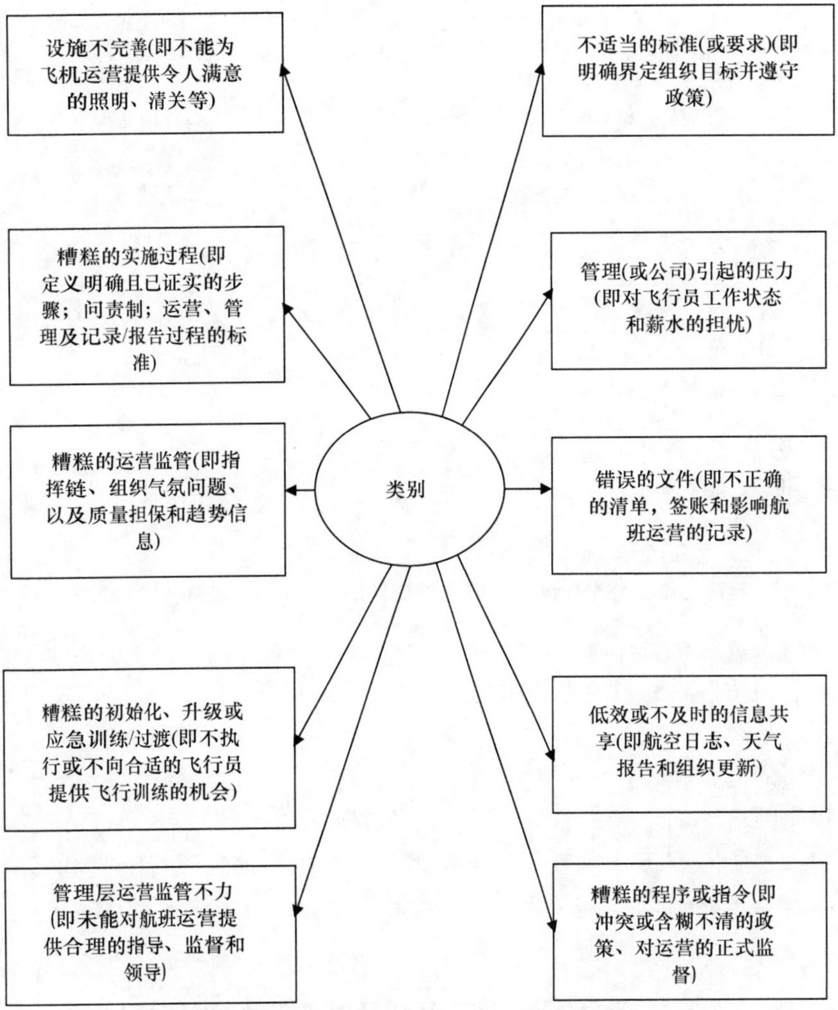

图 11-1　与飞行员错误相关的组织原因或因素目录

设备因素包括自动化作用、飞机配置、飞机蒙皮信号等项目。机组人员因素包括如下所列的项目：

- 机组人员意向。
- 机组人员技术知识、经验或技能。
- 机组人员在执行程序时对情况的判断。
- 机组人员协调与沟通。
- 个人或企业的压力。
- 影响个人表现的因素（如疲劳、工作负荷等）。
- 情境感知因素（如注意力、警觉性等）。

造成错误的程序因素包括如下几项：

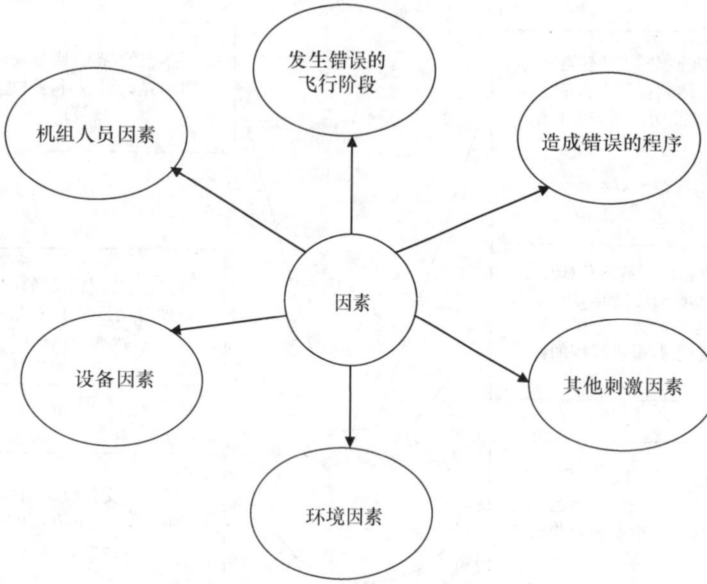

图 11-2　可能导致机组人员决策错误的必须小心评估的因素

➢ 机组人员对相关程序的解释。

➢ 用于预防事故的当前方针和政策。

➢ 程序状态。

➢ 程序的机载源码。

➢ 程序因素（如复杂、不切实际、负迁移等）。

图 11-2 中剩下的三个因素（即环境因素、发生错误的飞行阶段和其他刺激因素）是不言自明的。有关这些因素的更多信息可在 Graeber 和 Moodi 的文章中找到。

11.2.4　飞行员－交管员通信错误类型及减少通信错误的建议

以往的经验表明，空中交通管制员与飞行员之间的沟通会受到各种类型错误的影响。实际上，根据联邦航空管理局（FAA）在 1991 年 7 月至 1996 年 5 月期间提交给航空安全报告系统（ASRS）的 386 份报告显示，飞行员－管制员沟通错误可分为下列四种类型：

➢ 没有飞行员回读。飞行员回读可能是减少飞行员和管制员之间误解的最好方法。在该研究中，没有飞行员回读（或缺少飞行员回读）大概占所有飞行员－管制员沟通错误的 25%。该研究强调飞行员意愿是导致没有飞行员回读相关错误发生的最常见的因素。

➢ 回读或回听错误。回读错误可描述为空中交通管制员发出指令与飞行员回读指令间的差异；并且在管制员没有纠正该差异的情况下，该疏忽被称为“回听能都有。例如将人类作为系统组成，较少数量的人会减少营运成本；同样，当设备（或机器或自动软件）组成系统关键操作参数时，系统能更有效地运行。尽管如此，在提高人类可靠性的情况下，在船运系统可靠性上减少人手设计的预期效果能够用以下三种人类系统集成方法来描述。

➢ 最小化或消除人为错误影响。该方法通过如下手段实现

a. 设计系统的容错能力。

b. 设计一个系统方法，使系统或人类能够识别发生的错误，并在发生任何损害前纠正该错误，来最小化或减少人为错误影响。

➢ 减少人为错误的发生率。该方法通过如工作任务简化、错误可能性建模或分析以及应用人因工程设计原则等行为来减少人为错误概率。

➢ 在减少人手环境下提高平均故障间隔时间。该方法通过设计或选择高可靠性的系统部件，并设计接口来优化这些部件的使用，以提高平均故障间隔时间。

11.3.4　海上系统中执行风险分析的方法

以往的经验表明海运系统有着许多危险源，包括设备故障、人为错误、制度错误及外部事件等。风险分析有助于回答表 11-1 中提出的三个基本问题。

表 11-1　风险分析所回答的三个基本问题

问题编号	基本问题
1	什么可能出错?
2	出错的原因是什么?
3	如果确实出错，预期的结果是什么?

在已经发表的文献中，有许多方法可用来实现海运系统中各种类型的风险的分析。这些方法包括故障树分析（FTA）、故障模型与效果分析（FMEA）、危险与可操作性分析（HAZOP）、初步危害性分析（PHA）、接口安全性分析（ISA）、概率风险分析、事件树分析、安全/审查（或审计），及“what - if”分析。

这些方法中的前五个（即 FTA、FMEA、HAZOP、PHA 和 ISA）在第 4 章中有介绍。剩余的方法简要介绍如下：

➢ 概率风险分析。这是一种定量方法，开发于核能工程领域。它主要用来评估风险。概率风险分析可以利用一系列风险评估方法进行组合。有关概率风险分析的更多信息可在 Bedford 和 Cooke 的文章中找到。

➢ 事件树分析。这是一种定量和归纳模型方法，用于突出所有类型能导致事故的相关事件的结果，每种都包括成功和失败。有关该方法的更多信息可在相关文献中找到。

➢ 安全/审查（或审计）。这是一种定量方法，用于识别可能导致伤亡、财产损失、环境问题（或影响的设备、机器状况）或操作流程。有关安全/审查（或审

计）的更多信息可在相关文献中找到。

➢“what - if”分析。这是另一种定量方法，用于识别可能导致不良后果的危险、危险状况或某些偶然事件。有关“what - if”的更多信息可在相关文献中找到。

习　题

1. 写一篇关于航空和海上运输系统中人为错误的小论文。
2. 列出至少6种航空相关的人为错误。
3. 讨论商业航空相关事故中的关于飞行员错误的组织因素。
4. 机组人员决策错误的致因是什么？
5. 讨论飞行员 - 管制员沟通错误。
6. 讨论减少飞行员 - 管制员沟通错误的有效建议。
7. 列出至少7条涉及海运中人为错误的事实和数据。
8. 海运部门所面临的人为因素相关问题是什么？
9. 讨论减少海运系统可靠性中人为影响的方法。
10. 风险分析所回答的基本问题是什么？

参考文献

[1] IATA. 2006. Fast facts: The air transport industry in Europe has united to present its key facts and figures. International Air Transport Association, Montreal, Canada. http://www.iata.org/pressroom/economics-facts/stats/2003-04-10.01.htm accessed July 2008.

[2] Gardiner, R., ed. 1992. *The shipping revolution: The modern merchant ship*. London: Conway Maritime Press.

[3] Bone, K., ed. 1997. *The New York waterfront: Evolution and building culture of the port and harbour*. New York: Monacelli Press.

[4] Wiegmann, D. A., and S. A. Shappell. 2003. *A human error approach to aviation accident analysis*. London: Ashgate Publishing.

[5] NTSB. 1994. A review of flight crew-involved, major accidents of U.S. air carriers, 1978–1990. Report No. PB94-917001. National Transportation Safety Board, Washington, D.C.

[6] Nagel, D. 1988. Human error in aviation operations. In *Human factors in aviation*, ed. E. Wiener and D. Nagel, 263–303. San Diego, Calif.: Academic Press.

[7] Fotland, H. 2004. Human error: A fragile chain of contributing elements. *International Maritime Human Element Bulletin* (Nautical Institute, London), no. 3 (April): 2–3.

[8] Boeing. 1996. Statistical summary of commercial jet accidents: Worldwide operations, 1959–1996. Report No. 1-96. Boeing Commercial Airplane Group, Seattle, Wash.

[9] Mjos, K. 2001. Communication and operational failures in the cockpit. *Human Factors and Aerospace Safety* 1 (4): 323–340.

[10] *Science Daily*. 2001. Fewer airline crashes linked to "pilot error"; Inclement weather still major factor. January 9.
[11] Helmreich, R. L. 1997. Managing human in aviation. *Scientific American*, May, 62–67.
[12] Von Thaden, T. L., D. A. Wiegmann, and S.A. Shappell. 2005. Organizational factors in commercial aviation accidents, 1990–2000. Presented at the 13th International Symposium on Aviation Psychology, Dayton, Ohio, 2005. Available from D. A. Wiegmann, University of Illinois at Urbana-Champaign.
[13] Pidgeon, N. 1998. Safety culture: Key theoretical issue. *Work and Stress* 12 (3): 189–201.
[14] Vaughan, D. 1996. *The Challenger launch decision: Risky technology, culture, and deviance at NASA*. Chicago: University of Chicago Press.
[15] Cox, S., and R. Flin. 1998. Safety culture: Philosopher's stone or man of straw? *Work and Stress* 12 (3): 189–201.
[16] Graeber, R. C., and M. M. Moodi. 1998. Understanding flight crew adherence to procedures: The procedural event analysis tool (PEAT). In *Proceedings of the Joint Meeting of the 51st FSF International Air Safety Seminar and the 28th IFA International Conference*, 415–424.
[17] Dhillon, B. S. 2007. *Human reliability and error in transportation systems*. London: Springer.
[18] Cardosi, K., P. Falzarano, and S. Han. 1998. Pilot-controller communication errors: An analysis of Aviation Safety Reporting System (ASRA) Reports. Report No. DOT/FAA/AR-98/17. Federal Aviation Administration (FAA), Washington, D.C.
[19] Hee, D. D., B. S. Pickrell, R. G. Bea, K. H. Roberts, and R. B. Williamson. 1999. Safety Management Assessment System (SMAS): A process for identifying and evaluating human and organization factors in marine system operations with field test results. *Reliability Engineering and System Safety* 65:125–140.
[20] Ciavarelli, T., and R. Figlock. 1997. Organizational factors in naval aviation accidents. In *Proceedings of the Center for Risk Mitigation*, 36–46.
[21] UK P&I Club. 2003. Just waiting to happen: The work of the UK P&I Club. *International Maritime Human Element Bulletin* (London), no. 1 (October): 3–4. http://www.he-alert.org/documents/bulletin/Alert!_1.pdf.
[22] Rothblum, A. M. 2000. Human error and marine safety. In *Proceedings of the Maritime Human Factors Conference* 1–10, College Park, Maryland.
[23] TSB. 1994. Working paper on tankers involved in shipping accidents, 1975–1992. Transportation Safety Board of Canada, Ottawa.
[24] Moore, W. H., and R. G. Bea. 1993. Management of human error in operations of marine systems. Report No. HOE-93-1. Department of Naval Architecture and Offshore Engineering, University of California, Berkeley.
[25] *Scandinavian Shipping Gazette*. 2006. Human error led to the sinking of the *Bow Mariner*. Gothenburg, Sweden.
[26] Cormier, P. J. 1994. Towing vessel safety: Analysis of congressional and coast guard investigative response to operator involvement in casualties where a presumption of negligence exists. Masters thesis, University of Rhode Island.
[27] *Asia Maritime Digest*. 2004. DVD spotlights human error in shipping accidents. January/February, 41–42.
[28] Boniface, D. E., and R. G. Bea. 1996. Assessing the risks of and countermeasures for human and organizational error. *SNAME Transactions* 104:157–177.
[29] Perrow, C. 1984. *Normal accidents: Living with high-risk technologies*. New York: Basic Books.

[30] Bryant, D. T. 1991. The human element in shipping casualties. Report prepared for the Department for Transport. Marine Directorate, Department for Transport, London.

[31] Wagenaar, W. A., and J. Groeneweg. 1987. Accidents at sea: Multiple causes and impossible consequences. *International Journal of Man-Machine Studies* 27:587–598.

[32] NRC. 1990. Crew size and maritime safety. Report by the National Research Council, National Academy Press, Washington, D.C.

[33] USCG. 1995. Prevention through people: Quality action team report. U.S. Coast Guard, Washington, D.C.

[34] McCallum, M. C., M. Raby, and A. M. Rothblum. 1996. Procedures for investigating and reporting human factors and fatigue contributions to marine casualties. U.S. Coast Guard Report No. CG-D-09-07. Department of Transportation, Washington, D.C.

[35] NAS. 1976. Human error in merchant marine safety. Report by the Marine Transportation Research Board, National Academy of Science, Washington, D.C.

[36] NTSB. 1981. Major marine collisions and effects of preventive recommendations. Report by the National Transportation Safety Board (NTSB), Washington, D.C.

[37] Anderson, D. E., T. B. Malone, and C. C. Baker. 1998. Recapitalizing the navy through optimized manning and improved reliability. *Naval Engineers Journal*, November: 61–72.

[38] Ayyub, B. M., J. E. Beach, S. Sarkani, and I. A. Assakkaf. 2002. Risk analysis and management for marine systems. *Naval Engineers Journal* 114 (2): 181–206.

[39] Vose, D. 2000. *Risk analysis: A quantitative guide*. New York: John Wiley and Sons.

[40] Covello, V. T., and J. Mumpower. 1985. Risk analysis and risk management: A historical perspective. *Risk Analysis* 5:103–120.

[41] Modarres, M. 2005. *Risk analysis in engineering: Techniques, tools, and trends*. Boca Raton, Fla.: Taylor & Francis.

[42] Dhillon, B. S. 2003. *Engineering safety: Fundamentals, techniques, and applications*. River Edge, N.J.: World Scientific Publishing.

[43] Bedford, T., and R. Cooke. 2001. *Probabilistic risk analysis: Foundations and methods*. Cambridge, U.K.: Cambridge University Press.

[44] CSA. 1991. Risk analysis requirements and guidelines. CAN/CSA-Q6340-91. Canadian Standards Association, Rexdale, Ontario.

[45] Latcovish, J., E. Michalopoulos, and B. Selig. 1998. Risk-based analysis tools. *Mechanical Engineering*, November: 1–4.

[46] Kumamoto, H., and E. J. Henley. 1996. *Probabilistic risk assessment and management for engineers and scientists*. New York: IEEE Press.

附　　录

文献目录：交通运输系统可靠性与安全性相关文献

简介

多年来，涌现了一大批有关交通运输系统可靠性与安全性的期刊论文、技术报告、会议论文等出版物。此文献目录广泛地列出了与运输系统可靠性与安全性直接或间接相关的代表性论文，涵盖从 1968 年至今，主要目的是为读者提供获得运输系统可靠性与安全性信息的额外来源。

文献目录

[1] Abbott, D. J. Application of Data Recording to the Maintenance of Railway Equipment and to the Improvement in Reliability. *Proceedings of the International Conference on Rail Transport Systems*, 1994, 123–131.

[2] Abkowitz, M. Availability and Quality of Data for Assessing Heavy Truck Safety. *Transportation Quarterly* 44, no. 2 (1990): 203–226.

[3] Acobsen, T. A Potential of Reducing the Risk of Ship Casualties by 50%. *Marine and Maritime* 3 (2003): 171–181.

[4] Ahlstrom, U. Work Domain Analysis for Air Controller Weather Displays. *Journal of Safety Research* 36 (2005): 159–169.

[5] Amrozowlcz, M. D., A. Brown, and M. Golay. Probabilistic Analysis of Tanker Groundings. *Proceedings of the International Offshore and Polar Engineering Conference* 4 (1997): 313–320.

[6] Anderson, D. E., T. B. Malone, and C. C. Baker. Recapitalizing the Navy through Optimized Manning and Improved Reliability. *Naval Engineers Journal* 110, no. 6 (1998): 61–72.

[7] Anderson, D. E., F. R. Oberman, T. B. Malone, and C. C. Baker. Influence of Human Engineering on Manning Levels and Human Performance on Ships. *Naval Engineers Journal* 109, no. 6 (1997): 67–76.

[8] Andersson, M. Marginal Cost Pricing of Railway Infrastructure Operation, Maintenance, and Renewal in Sweden: From Policy to Practice through Existing Data. *Transportation Research Record*, no. 1943 (2006): 1–11.

[9] Ang, B. W., and C. C. Deng. Effects of Maintenance on the Fuel Efficiency of Public Buses. *Energy* 15, no. 12 (1990): 1099–1105.

[10] Anonymous. Accident Statistics. *Accident Analysis and Prevention* 29, no. 2, (1997): 171–179.

[11] ______. Accidents: U.K. Investigators Say Fatal Rail Collision Not Fault of Railroad. *Engineering News Record (ENR)* 246, no. 10 (2001): 15.

[12] ______. Cargo Collection Points Part of Truck Safety Plan. *AFE Facilities Engineering Journal* 29, no. 4 (2002): 11–13.

[13] ______. Casting Concrete Walls to Improve Road and Rail Safety. *Quality Concrete* 8, no. 5–6 (2002): 31.

[14] ______. Computer Diagnostics Aid Railcar Maintenance. *American City and County* 110, no. 9 (1995): 22.

[15] ______. Editorial. Needed: Greater Lift Truck Safety. *Modern Materials Handling* 51, no. 2 (1996): 50–53.

[16] ______. Ensuring Railroad Tank Car Safety. *TR News*, no. 176 (1995): 30–31.

[17] ______. Exclusive: Railtrack to Develop Track Fault Sensors for Trains. *Engineer* 291, no. 7598 (2002): 18.

[18] ______. Fine-Tuning Three-Piece Truck Maintenance. *Railway Age* 196, no. 3 (1995): 3–8.

[19] ______. Great Britain Promotes Rail Safety Research. *TR News*, no. 226 (2003): 51.

[20] ______. HMA Underlayments Solve Railroad Maintenance Issue. *Asphalt* 17, no. 2 (2002): 18–19.

[21] ______. How Lift Truck Fork Calipers Prevent Failures. *Concrete Producer* 16, no. 4 (1998): 1–3.

[22] ______. Lifesaving Tips for Truck Maintenance. *Construction Equipment* 92, no. 5 (1995): 1–6.

[23] ______. Minimizing Train Delays Can Improve Mobility, Safety at Rail Grade Crossings. *Texas Transportation Researcher* 43, no. 3 (2007): 7.

[24] ______. Noise Reduction Major Factor in Railway Maintenance Design. *Diesel Progress: Engines and Drives* 58, no. 12 (1992): 21–35.

[25] ______. Rail Inspector Slams Industry Safety. *Professional Engineering* 12, no. 2 (1999): 4.

[26] ______. Rail Rudder Propeller Variant Offers More Safety in Coastal Shipping. *HSB International* 41, no. 11 (1993): 40–41.

[27] ______. Rail Transit'94: Maintenance and Construction, Railway Track and Structures. 90, no. 8 (1994): 13–14, 16.

[28] ______. Railroads Using Science to Advance Safety, Railway Track and Structures. 94, no. 9 (1998): 27.

[29] ______. Railway Firms on Track with Safety Systems. *Professional Engineering* 14, no. 18 (2001): 8.

[30] ______. Research: Rail Polishing Increases Track Life and Train Safety. *Engineering News Record* 243, no. 1 (1999): 12.

[31] ______. Research to Improve Road/Rail Safety. *Professional Engineering* 14, no. 10 (2001): 1–4.

[32] ______. Route to Rail Reliability. *Professional Engineering* 10, no. 8 (1997): 1.

[33] ______. Safety Assessment for Ships Manoeuvring in Ports, Dock & Harbour Authority. 79, no. 889–892 (1998) 26–29.
[34] ______. Safety in Ship Building. *Motor Ship* 78, no. 922 (1997): 17–18.
[35] ______. Safety Pole Keeps Trucks at the Dock. *Material Handling Engineering* 53, no. 6 (1998): 286.
[36] ______. Safety: Heart of the Matter—Bad Cargo Stowage Can Affect the Safety of the Ship. *Cargo Systems* 22, no. 9 (1995): 74, 76.
[37] ______. Sharing Best Practice: Synergy in Rail and Aviation Safety. *Aircraft Engineering and Aerospace Technology* 73, no. 1 (2001): 15.
[38] ______. Small Power Tool Makers Strive for Safety to Meet Railroad Demands. *Railway Track and Structures* 98, no. 8 (2002): 31–33.
[39] ______. Standardizing Lift Truck Fleet and Outsourcing Maintenance Help Monsanto Cut Costs. *Material Handling Engineering* 50, no. 12 (1995): 67–70.
[40] ______. Truck Transportation Safety. *Papermaker* 59, no. 3 (1996): 3.
[41] ______. Truckers Division: MTU to Study Log Truck Safety. *Timber Producer*, no. 2 (2002): 6.
[42] ______. Turning the Roundhouse into a Roundtable: The National Highway-Rail Grade Crossing Safety Training Conference. *Texas Transportation Researcher* 44, no. 2 (2008): 13.
[43] Anquist, T. F., J. D. Lee, and M. C. McCallum. Methods for Assessing Training and Qualification Needs for Automated Ships. *Proceedings of the Human Factors and Ergonomics Society Annual Meeting* 2 (1995): 1263–1267.
[44] Arboleda, A., P. C. Morrow, M. R. Crum, M. C. Shelley II. Management Practices as Antecedents of Safety Culture within the Trucking Industry: Similarities and Differences by Hierarchical Level. *Journal of Safety Research* 34, no. 2 (2003): 189–197.
[45] Archer, R. D., G. W. Lewis, and J. Lockett. Human Performance Modeling of Reduced Manning Concepts for Navy Ships. *Proceedings of the Human Factors and Ergonomics Society Annual Meeting* 2 (1996): 987–991.
[46] Artana, K. B., and K. Ishida. Determination of Ship Machinery Performance and Its Maintenance Management Scheme Using Markov Process Analysis. *Proceedings of the 4th International Conference on Marine Technology*, 2001, 379–389.
[47] Atua, K., and B. M. Ayyub. Reliability Analysis of Transverse Stability of Surface Ships. *Naval Engineers Journal* 109, no. 3 (1997): 129–141.
[48] Atua, K. I., and Y. Abdel-Nasser. Economical Analysis of Ship Structure Repair Alternatives Based on Reliability. *Alexandria Engineering Journal* 43, no. 2 (2004): 123–132.
[49] Avery, C. R. Power Electronics Reliability in Rail Traction. *Proceedings of the IEE Colloquium on Power Electronics Reliability*, 1998, 1–7.
[50] Ayyub, B. M., I. I. Assakkaf, and K. Atua. Reliability-Based Load and Resistance Factor Design (LRFD) of Hull Girders for Surface Ships. *Naval Engineers Journal* 112, no. 4 (2000): 279–296.
[51] Ayyub, B. M., J. E. Beach, S. Sarkani, and I. A. Assakkaf. Risk Analysis and Management for Marine Systems. *Naval Engineers Journal* 114, no. 2 (2002): 181–206.
[52] Ayyub, B. M., and K. Lai. Uncertainty Measures in Reliability Assessment of Ship Structures. *Proceedings of the 14th Structures Congress*, 1996, 621–626.

[53] Baarman, L. Assessment of Ship Machinery Reliability Performance with Numerical Simulation. *Proceedings of the Conference on Numerical Tools for Ship Design*, 1995, 199–212.
[54] Bailey, P. J. Safety and Health in Shipbreaking. *Proceedings of the Royal Institution of Naval Architects International Conference on Recycling of Ships and Other Marine Structures*, 2005, 63–71.
[55] Bakor, G. R. Shipboard Oil Analysis: A Proactive Maintenance Approach. *Proceedings of the 47th Meeting of the Mechanical Failures Prevention Group*, 1993, 209–220.
[56] Balsi, M., and N. Racina. Automatic Recognition of Train Tail Signs Using CNNs. *Proceedings of the IEEE International Workshop on Cellular Neural Networks and Their Applications*, 1994, 225–229.
[57] Bandyopadhyay, D. Safety Management Ships. *Journal of the Institution of Engineers (India), Part MR: Marine Engineering Division* 84, no. 2 (2003): 45–48.
[58] Bankes, F. W., and M. H. Spicknall. Importance of Considering Life-Cycle Maintenance and Modernization Costs in the Design of Navy Ships. *Journal of Ship Production* 7, no. 4 (1991): 227–233.
[59] Baranyi, E., G. Racz, G. Szabo, and B. Saghi. Traffic and Interlocking Simulation in Railway Operation: Theory and Practical Solutions. *Periodica Polytechnica Transportation Engineering* 33, no. 1–2 (2005): 177–185.
[60] Barnes, H. J., J. D. Levine, and M. S. Wogalter. Evaluating the Clarity of Highway Entrance-Ramp Directional Signs. *Proceedings of the 14th Triennial Congress of the International Ergonomics Association and 44th Annual Meeting of the Human Factors and Ergonomics Association: Ergonomics for the New Millennium*, 2000, 794–797.
[61] Bayley, J. M., and C. B. Uber. Comprehensive Program to Improve Road Safety at Railway Level Crossings. *Proceedings of the 15th ARRB Conference*, 1990, 217–234.
[62] Beder, D. M., A. Romanovsky, B. Randell, C. R. Snow, and R. J. Stroud. An Application of Fault Tolerance Patterns and Coordinated Atomic Actions to a Problem in Railway Scheduling. *Operating Systems Review (ACM)* 34, no. 4 (2000): 21–31.
[63] Bennett, C. T., M. Schwirzke, and C. Harm. Analysis of General Aviation Accidents during Operations under Instrument Flight Rules. *Proceedings of the Human Factors and Ergonomics Society Annual Meeting*, 1990, 1057–1061.
[64] Bercha, F. G., C. J. Brooks, and F. Leafloor. Human Performance in Arctic Offshore Escape, Evacuation, and Rescue. *Proceedings of the International Offshore and Polar Engineering Conference*, 2003, 2755–2763.
[65] Berg, H., and E. Wolfgang. Advanced IGBT Modules for Railway Traction Applications: Reliability Testing. *Microelectronics and Reliability* 38, no. 6–8 (1998): 1319–1323.
[66] Blackemore, T. Easy Access at Last: Will Maintenance Bills Go Up as Citybus Floor Heights Come Down? Not If the Bus Manufacturers are to be Believed. *Transportation Engineer*, no. 4 (1995): 32–35.
[67] Blanchard, R. J., J. D. Carrier, and G. V. Mehta. Strengthening and Rehabilitation of an Elevated Rail Transit Line Steel Structure while Maintaining Commuter Traffic. *Proceedings of the Symposium on Practical Solutions for Bridge Strengthening and Rehabilitation*, 1993, 105–114.
[68] Blanke, M. Diagnosis and Fault-Tolerant Control for Ship Station Keeping. *Proceedings of the IEEE International Symposium on Intelligent Control and 13th Mediterranean Conference on Control and Automation* 2 (2005): 1379–1384.

[69] Blanke, M., R. Izadi-Zamanabadi, and T. F. Lootsma. Fault Monitoring and Reconfigurable Control for a Ship Propulsion Plant. *International Journal of Adaptive Control and Signal Processing* 12, no. 8 (1998): 671–688.
[70] Blekinsop, G. Only Human. *Quality World* 29, no. 12 (2003): 24–29.
[71] Bob-Manuel, K. D. H. Probabilistic Prediction of Capsize Applied to Small High-Speed Craft. *Ocean Engineering* 29 (2002): 1841–1851.
[72] Boniface, D. E., and R. G. Bea. Assessing the Risks of and Countermeasures for Human and Organizational Error. *Transactions of the Society of Naval Architects and Marine Engineers* 104 (1996): 157–177.
[73] Bouillant, L., P. Weber, A. B. Salem, and P. Aknin. Use of Causal Probabilistic Networks for the Improvement of the Maintenance of Railway Infrastructure. *Proceedings of the International Conference on Systems, Man, and Cybernetics*, 2004, 6243–6249.
[74] Bourne, A. Managing Human Factors in London Underground. *IEE Colloquium (Digest)*, no. 49 (2000): 5/1–5/3.
[75] Bradley, E. A. Case Studies in Disaster: A Coded Approach. *International Journal of Pressure Vessels and Piping* 61, no. 2–3 (1995): 177–197.
[76] Brooker, P. Airborne Separation Assurance Systems: Towards a Work Programme to Prove Safety. *Safety Science* 42, no. 8 (2004): 723–754.
[77] Brown, A., and B. Haugene. Assessing the Impact of Management and Organizational Factors on the Risk of Tanker Grounding. *Proceedings of the International Offshore and Polar Engineering Conference* 4 (1998): 469–477.
[78] Brown, I. D. Drivers' Margins of Safety Considered as a Focus for Research on Error. *Ergonomics* 33, no. 10–11 (1990): 1307–1314.
[79] Brown, I. D. Prospects for Technological Countermeasures against Driver Fatigue. *Accident Analysis and Prevention* 29, no. 4 (1997): 525–531.
[80] Brown, J. C., J. Allan, and B. Mellitt. Calculation and Measurement of Rail Impedances Applicable to Remote Short Circuit Fault Currents. *IEE Proceedings, Part B: Electric Power Applications* 139, no. 4 (1992): 289–294.
[81] Brown, J. C., J. Allan, and B. Mellitt. Calculation of Remote Short Circuit Fault Currents for DC Railways. *IEE Proceedings, Part B: Electric Power Applications* 139, no. 4 (1992): 295–302.
[82] Bruzelius, K. and D. Mba. An Initial Investigation on the Potential Applicability of Acoustic Emission to Rail Track Fault Detection. *NDT and E International* 37, no. 7 (2004): 507–516.
[83] Bu, F., and C. Chan. Pedestrian Detection in Transit Bus Application: Sensing Technologies and Safety Solutions. *Proceedings of the IEEE Intelligent Vehicles Symposium*, 2005, 100–105.
[84] Buck, L. Error in the Perception of Railway Signals. *Ergonomics* 6 (1968): 181–192.
[85] Busby, J. S., and R. E. Hibberd. Artefacts, Sense Making and Catastrophic Failure in Railway Systems. *Proceedings of the International Conference on Systems, Man, and Cybernetics*, 2004, 6198–6204.
[86] Butsuen, T., T. Yoshioka, and K. Okuda. Introduction of the Mazda Advanced Safety Vehicle. *Proceedings of the IEEE Intelligent Vehicles Symposium*, 1996, 242–249.
[87] Cacciabue, P. C. Human Error Risk Management Methodology for Safety Audit of a Large Railway Organisation. *Applied Ergonomics* 36, no. 6 (2005): 709–718.
[88] Cafiso, S., A. Condorelli, G. Cutrona, and G. Mussumeci. A Seismic Network Reliability Evaluation on a GIS Environment: A Case Study on Catania Province. *Management Information Systems* 9 (2004): 131–140.

[89] Callantine, T. J. Agents for Analysis and Design of Complex Systems. *Proceedings of the IEEE International Conference on Systems, Man and Cybernetics*, 2001, 567–573.

[90] Callantine, T. J. Air Traffic Controller Agents. *Proceedings of the International Conference on Autonomous Agents* 2 (2003): 952–953.

[91] Carey, M. S. Delivering Effective Human Systems. *IEE Colloquium (Digest)*, no. 49 (April 2000): 6/1–6/5.

[92] Carrarini, A. Reliability Based Analysis of the Crosswind Stability of Railway Vehicles. *Journal of Wind Engineering and Industrial Aerodynamics* 95, no. 7 (2007): 493–509.

[93] Cartmale, K., and S. A. Forbes. Human Error Analysis of a Safety Related Air Traffic Control Engineering Procedure. *IEE Conference Publication*, no. 463 (1999): 346–351.

[94] Carvalho, A. A., L. V. S. Sagrilo, I. C. Silva, J. M. A. Rebello, and R. O. Carneval. On the Reliability of an Automated Ultrasonic System for Hull Inspection in Ship-Based Oil Production Units. *Applied Ocean Research* 25, no. 5 (2003): 235–241.

[95] Castaldo, R., C. Evers, and A. Smith. Improved Location/Identification of Aircraft/Ground Vehicles on Airport Movement Areas: Results of FAA Trials. *Proceedings of the Institute of Navigation National Technical Meeting*, 1996, 555–562.

[96] Chan, K., and D. Turner. The Application of Selective Door Opening within a Railway System. *Advances in Transport* 15 (2004): 155–164.

[97] Chang, C. S., and C. M. Lau. Design of Modern Control Centres for the 21st Century: Human Factors and Technologies. *IEE Conference Publication*, no. 463 (1999): 131–136.

[98] Chang, C. S., A. D. Livingston, and D. Chang. Achieving a Uniform and Consistent Graphical User Interface for a Major Railway System. *Advances in Transport* 15 (2004): 187–197.

[99] Chang, J., J. Collura, F. Dion, and H. Rakha. Evaluation of Service Reliability Impacts of Traffic Signal Priority Strategies for Bus Transit. *Transportation Research Record*, no. 1841 (2003): 23–31.

[100] Chen, N., and C. G. Soares. Reliability Analysis of Ship Hulls Made of Composite Materials under Sagging Moments. *Journal of Marine Science and Technology* 12, no. 4 (2007): 263–271.

[101] Chen, S., A. Gramopadhye, and B. Melloy. The Effects of Individual Differences and Training on Paced and Unpaced Aircraft Visual Inspection Performance. *Proceedings of the 14th Triennial Congress of the International Ergonomics Association and 44th Annual Meeting of the Human Factors and Ergonomics Society*, 2000, 491–494.

[102] Chen, S. K., T. K. Ho, and B. H. Mao. Reliability Evaluations of Railway Power Supplies by Fault Tree Analysis. *IET Electric Power Applications* 1, no. 2 (2007): 161–172.

[103] Chicago Transit Authority in Illinois, Lean Manufacturing Techniques in Bus and Rail Maintenance: Study at Chicago Transit Authority in Illinois. *Transportation Research Record*, no. 1986 (2006): 54–58.

[104] Christer, A. H., and S. K. Lee. Modelling Ship Operational Reliability over a Mission under Regular Inspections. *Journal of the Operational Research Society* 48, no. 7 (1997): 688–699.

[105] Clark, R. D. and S. Bonney. Integration of Human Factors and System Safety in the Collapse Analysis of Roll-Over Safety Rings in Buses and Coaches. *International Conference on Traffic and Transportation Studies*, 1998, 820–829.

[106] Congress, N. Automated Highway System: An Idea Whose Time Has Come. *Public Roads* 58, no. 1 (1994): 1–9.

[107] Conwell, W., and D. W. Callahan. Analysis of an Implementation of Pen Tablet Technology to Improve Electric Utility Railcar Maintenance Processes. *Proceedings of the 55th Vehicular Technology Conference*, 2002, 313–316.

[108] Cothen, G. C., C. F. Schulte, J. D. Horn, and D. C. Tyrell. Consensus Rulemaking at the Federal Railroad Administration: All Aboard for Railway Safety Measures. *TR News*, no. 236 (2005): 8–14.

[109] Cox, T., J. Houndmont, and A. Griffiths. Rail Passenger Crowding, Stress, Health, and Safety in Britain. *Transportation Research Part A: Policy and Practice* 40, no. 3 (2006): 244–358.

[110] D'Addio, G. F., P. Firpo, and S. Savioa. Computer Aided Maintenance Systems for Railway Applications. *Proceedings of the 6th International Conference on Computer Aided Design, Manufacture, and Operation in the Railway and Other Mass Transit Systems*, 1998, 693–702.

[111] Davis, D. A., E. M. Kackett, and M. E. Natishan. Analysis of a Failure of a Cu-Ni Fitting Used in a Ship Hydraulic System Application. *Proceedings of the 45th Meeting of the Mechanical Failures Prevention Group*, 1991, 207–215.

[112] Dawes, S. M. Integrated Framework to Analyze Coordination and Communication among Aircrew, Air Traffic Control, and Maintenance Personnel. *Transportation Research Record*, no. 1480 (1995): 9–16.

[113] Day, L. M. Farm Work Related Fatalities among Adults in Victoria, Australia: The Human Cost of Agriculture. *Accident Analysis and Prevention* 31, no. 1–2 (1998): 153–159.

[114] De Groot, H. Flight Safety: A Human Factors Task. *Proceedings of the International Air Safety Seminar*, 1990, 102–106.

[115] Deierlein, B., Spec'ing Trucks for Safety. *Waste Age* 32, no. 3 (2001): 212–216.

[116] Di Benedetto, M. D., S. Di Gennaro, and A. D'Innocenzo. Critical Observability and Hybrid Observers for Error Detection in Air Traffic Management. *Proceedings of the IEEE International Symposium on Intelligent Controls* 2 (2005): 1303–1308.

[117] Diehl, A. Effectiveness of Aeronautical Decision Making Training. *Proceedings of the Human Factors Society Annual Meeting*, 1990, 1367–1371.

[118] Dieudonne, J., M. Joseph, and K. Cardosi. Is the Proposed Design of the Aeronautical Data Link System Likely to Reduce 'the Miscommunications Error Rate and Controller/Flight Crew Input Errors'? *Proceedings of the AIAA/IEEE Digital Avionics Systems Conference* 2 (2000): 5.E.3.1–5.E.3.9.

[119] Doherty, O. J. Ready Reserve Fleet: Ship Maintenance and Activations. *Journal of Ship Production* 13, no. 3 (1997): 188–197.

[120] Donelson, A. C., K. Ramachandran, K. Zhao, and A. Kalinowski. Rates of Occupant Deaths in Vehicle Rollover: Importance of Fatality-Risk Factors. *Transportation Research Record*, no. 1665 (1999): 109–117.

[121] Drozdziel, J., and B. Sowinski. Dynamic Response of a Wheelset to Vertical Faults at Rail Welds. *Periodica Polytechnica: Transportation Engineering* 21, no. 1 (1993): 55–64.

[122] Drury, C. G. Integrating Training into Human Factors Implementation. *Proceedings of the Human Factors and Ergonomics Society Annual Meeting* 2 (1996): 1082–1086.

[123] Drury, C. G., P. Prabhu, and A. Gramopadhye. Task Analysis of Aircraft Inspection Activities: Methods and Findings. *Proceedings of the Human Factors Society Annual Meeting*, 1990, 1181–1185.

[124] Drury, C. G., and A. Sarac. A Design Aid for Improved Documentation in Aircraft Maintenance: A Precursor to Training. *Proceedings of the Human Factors and Ergonomics Society Annual Meeting* 2 (1997): 1158–1162.

[125] Duffey, R. B., and J. W. Saull. Errors in Technological Systems. *Human Factors and Ergonomics in Manufacturing* 13, no. 4 (2003): 279–291.

[126] Duffner, D. H. Torsion Fatigue Failure of Bus Drive Shafts3 *Journal of Failure Analysis and Prevention* 6, no. 6 (2006): 75–82.

[127] Edkins, G. D., and C. M. Pollock. Influence of Sustained Attention on Railway Accidents. *Accident Analysis and Prevention* 29, no. 4 (1997): 533–539.

[128] Egorov, G. V., and V. V. Kozlyakov. Investigation of Coastal and Short Sea Ship's Risk and Hull's Reliability. *Proceedings of the International Conference on Offshore Mechanics and Arctic Engineering* 2 (2001): 49–54.

[129] El-Badan, A., H. W. Leheta, Y. Abdel-Nasser, and M. A. Moussa. Safety Assessment for Ship Hull Girders Taking Account of Corrosion Effects. *Alexandria Engineering Journal* 41, no. 1 (2002): 71–81.

[130] El Koursi, E., G. Flahaut, H. Zaalberg, and A. Hessami. Safety Assessment of European Rail Rules for Operating ERTMS. *Proceedings of the International Conference on Automated People Movers*, 2001, 811–815.

[131] Embrey, D. E. Incorporating Management and Organisational Factors into Probabilistic Safety Assessment. *Reliability Engineering & System Safety* 38, no. 1–2 (1992): 199–208.

[132] Endsley, M. R., and M. D. Rodgers. Attention Distribution and Situation Awareness in Air Traffic Control. *Proceedings of the Human Factors and Ergonomics Society Annual Meeting* 1 (1996): 82–85.

[133] Fahlgren, G., and R. Hagdahl. Complacency. *Proceedings of the International Air Safety Seminar*, 1990, 72–76.

[134] Falvo, M. C., E. Fedeli, M. Stellin, and E. Vannini. Signalling System Interferences due to Railway Electric Substation Failures on Italian Conventional Railway Networks. *Proceedings of SPEEDAM*, 2006, 5–9.

[135] Fancher, P. S. Safety Issues Associated with Trucks with Multiple Trailers. *Proceedings of the Winter Annual Meeting of the American Society of Mechanical Engineers*, 1991, 11–15.

[136] Fang, W., and X. Li. Reliability Analysis and Practice on Forklift Truck. *Proceedings of the Transformation of Science and Technology Into Productive Power Conference*, 1991, 53–60.

[137] Feng, Z., Z. Xu, L. Wang, Y. Shen, H. Sun, and N. Wang. Driver Error Analysis and Risk Model of Driver-Error of Chinese Railways. *Proceedings of the International Symposium on Safety Science and Technology*, 2004, 2113–2117.

[138] Fischer, A. L. Camera Sensors Boost Safety for Japanese Railway. *Photonics Spectra* 38, no. 9 (2004): 33–34.

[139] Fujii, Y., H. Kawabe, K. Iijima, and T. Yao. Comparison of Safety Levels of Ship's Hull Girders in Longitudinal Bending Designed by Different Criteria. *Proceedings of the International Offshore and Polar Engineering Conference*, 2007, 3692–3698.

[140] Fukada, Y., R. Yamamoto, H. Harasawa, and H. Nakanowatari. Experience in Maintaining Railtrack in Japan. *Proceedings of the International Conference on Welded Construction for Urban Infrastructure*, 2003, 123–137.

[141] Fuller, D. A. Managing Risk in Space Operations: Creating and Maintaining a High Reliability Organization. *Proceedings of the AIAA Space Conference*, 2004, 218–223.

[142] Fuller, R. Learning to Make Errors: Evidence from a Driving Task Simulation. *Ergonomics* 33, no. 10–11 (1990): 1241–1250.

[143] Fulton, N. L. Airspace Design: A Conflict Avoidance Model Emphasizing Pilot Communication and Perceptual Capabilities. *Aeronautical Journal* 103, no. 1020 (1999): 65–74.

[144] Fung, W. Y. Computerized Maintenance Management System in a Railway-Based Building Services Unit. *ASHRAE Transactions* 99, no. 1 (1993): 72–83.

[145] Genova, R., M. Galaverna, G. Sciutto, and V. Zavatoni. Techniques for Human Performance Analysis in Railway Applications. *Proceedings of the International Conference on Computer Aided Design, Manufacture and Operation in the Railway and Other Advanced Mass Transit Systems*, 1998, 959–968.

[146] Gerdun, V., T. Sedmak, V. Sinkovec, I. Kovse, and B. Cene. Failures of Bearings and Axles in Railway Freight Wagons. *Engineering Failure Analysis* 14, no. 5 (2007): 884–894.

[147] Goel, L. R., S. Z. Mumtaz, and S. Agrawal. Analysis of an On-Surface Transit System with Correlated Failures and Repairs. *Microelectronics and Reliability* 34, no. 1 (1994): 165–169.

[148] Graeber, R. C. Fatigue in Long-Haul Operations: Sources and Solutions. *Proceedings of the International Air Safety Seminar*, 1990, 246–257.

[149] Graeber, R. C., and M. M. Moodi. Understanding Flight Crew Adherence to Procedures: The Procedural Event Analysis Tool (PEAT). *Proceedings of the International Air Safety Seminar*, 1998, 415–424.

[150] Gramopadhye, A. K., B. Melloy, H. Him, S. Koenig, G. Nickles, J. Kaufman, J. Thaker, J. Bingham, and D. Fowler. ASSIST: A Computer Based Training Program for Aircraft Inspectors. *Proceedings of the Human Factors and Ergonomics Society Annual Meeting* 2 (1998): 1644–1650.

[151] Grant, J. S. Concepts of Fatigue and Vigilance in Relation to Railway Operation. *Ergonomics* 14 (1971): 111–118.

[152] Gruber, J. Die Mensch-Maschine-Schnittstelle Im Zusammenhang Mit Der Zuverlaessigkeit Des Systems; Man-Machine Interface and its Impact on System Reliability. *ZEV-Zeitschrift fuer Eisenbahnwesen und Verkehrstechnik; Journal for Railway and Transport* 124, no. 2–3 (2000): 103–108.

[153] Gu, W., and J. Chu. Fault Information Model and Maintenance Cycle Forecasting for Ship's Power System. *Proceedings of the Annual Reliability and Maintainability Symposium*, 2002, 445–449.

[154] Guedes, S. C., and Y. Garbatov. Reliability of Maintained Ship Hulls Subjected to Corrosion. *Journal of Ship Research* 40, no. 3 (1996): 495–516.

[155] Guo, C., D. Zhang, and J. Li. Application of FSA to Loading/Discharging Course of Ship. *Dalian Ligong Daxue Xuebao/Journal of Dalian University of Technology* 42, no. 5 (2002): 564–569.

[156] Hadianfard, M. J., and M. A. Hadianfard. Structural Failure of a Telescopic Shiploader during Installation. *Journal of Failure Analysis and Prevention* 7, no. 4 (2007): 282–291.

[157] Haga, S. An Experimental Study of Signal Vigilance Errors in Train Driving. *Ergonomics* 27 (1984): 755–765.

[158] Haile, J., and T. Clarke. Safety Risk and Human Error: The West Coast Route Modernisation. *IEE Colloquium (Digest)*, no. 49 (2000): 4/1–4/9.

[159] Hale, A. R., J. Stoop, and J. Hommels. Human Error Models as Predictors of Accident Scenarios for Designers in Road Transport Systems. *Ergonomics* 33, no. 10–11 (1990): 1377–1387.

[160] Hamilton, S. Top Truck and Bus Safety Issues. *Public Roads* 59, no. 1 (1995): 1–5.

[161] Hamilton, W. I., and T. Clarke. Driver Performance Modelling and Its Practical Application to Railway Safety. *Applied Ergonomics* 36, no. 6 (2005): 661–670.

[162] Hampton, T. Cooling Demand for Diesel Trucks Won't Quell Maintenance Fears. *Engineering News Record* 255, no. 24 (2005): 1–3.

[163] Han, L. D. Simulating ITS Operations Safety with Virtual Reality. *Proceedings of the Transportation Congress* 1 (1995): 215–226.

[164] Hansen, M., and Y. Zhang. Safety of Efficiency: Link between Operational Performance and Operational Errors in the National Airspace System. *Transportation Research Record*, no. 1888 (2004): 15–21.

[165] Hanson, E. K. S. Focus of Attention and Pilot Error. *Proceedings of the Eye Tracking Research and Applications Symposium*, 2004, 60–61.

[166] Harrald, J. R., T. A. Mazzuchi, J. Spahn, R. Van Dorp, J. Merrick, S. Shrestha, and M. Grabowski. Using System Simulation to Model the Impact of Human Error in a Maritime System. *Safety Science* 30, no. 1–2 (1998): 235–247.

[167] Harris, N. G., and J. B. Ramsey. Assessing the Effects of Railway Infrastructure Failure. *Journal of the Operational Research Society* 45, no. 6 (1994): 635–640.

[168] Harrison, M. J. Runway Incursions and Airport Surface Traffic Automation. *SAE (Society of Automotive Engineers) Transactions* 100 (1991): 2423–2426.

[169] Hawthorne, V. T., R. P. Sellberg, and R. D. Wronkiewicz. Effect of Maintenance Practices upon Performance of Freight Car Railroad Trucks: Progress Report. *Proceedings of the ASME/IEEE Joint Railroad Conference*, 1990, 1–12.

[170] Hayashi, Y., H. Tsunashima, and Y. Marumo. Fault Detection of Railway Vehicles Using Multiple Model Approach. *Proceedings of the Joint SICE-ICASE International Conference*, 2006, 2812–2817.

[171] Hee, D. D., B. D. Pickrell, R. G. Bea, K. H. Roberts, and R. B. Williamson. Safety Management Assessment System (SMAS): A Process for Identifying and Evaluating Human and Organization Factors in Marine System Operations with Field Test Results. *Reliability Engineering and System Safety* 65, no. 2 (1999): 125–140.

[172] Hegner, H. R., J. P. Hudak, C. P. Newarich, and W. W. Boblitt. System Study of Condition-Based Maintenance System for Shipboard High-Pressure Air Compressors. *Proceedings of the 45th Meeting of the Mechanical Failures Prevention Group*, 1991, 123–129.

[173] Hegner, H. R., and C. P. Nemarich. Diagnostic Technique and Sensor Selection for Shipboard Machinery Condition Based Maintenance Systems. *Proceedings of the 43rd International Instrumentation Symposium*, 1997, 711–725.

[174] Heinrich, D. J. Safer Approaches and Landings: A Multivariate Analysis of Critical Factors. *Proceedings of the Corporate Aviation Safety Seminar*, 2005, 103–155.

[175] Helmreich, R. L. Managing Human Error in Aviation. *Scientific American*, May 1997, 62–64.

[176] Hepburn, R. D. Dual Use of Heavy Lift Ships as Maintenance Platforms and Transports for Mine Warfare Ships. *Naval Engineers Journal* 107, no. 5 (1995): 33–47.

[177] Hidaka, H., T. Yamagata, and Y. Suzuki. Structuring a New Maintenance System. *Japanese Railway Engineering*, no. 132–133 (1995): 7–10.
[178] Hinchey, M. Potential for Ship Control. *Proceedings of the International Conference on Offshore Mechanics and Arctic Engineering* 1 (1993): 245–248.
[179] Hirl, P. J. Combined Anaerobic/Aerobic Bio-stimulation for Remediation of Rail Yards Contaminated by Diesel Engine Repair and Maintenance. *Transportation Research Record*, no. 1626 (1998): 114–119.
[180] Ho, T. K., Y. L. Chi, L. Ferreira, K. K. Leung, and L. K. Siu. Evaluation of Maintenance Schedules on Railway Traction Power Systems. *Proceedings of the Institution of Mechanical Engineers, Part F: Journal of Rail and Rapid Transit* 220, no. 2 (2006): 91–102.
[181] Hong, Y., L. Changchun, X. Min, G. Tong, and M. Yao. Human Reliability Analysis on Ship Power System Control Room Design. *Proceedings of the 14th Triennial Congress of the International Ergonomics Association and 44th Annual Meeting of the Human Factors and Ergonomics Society*, 2000, 537–540.
[182] Hopkin, V. D. Safety and Human Error in Automated Air Traffic Control. *IEE Conference Publication*, no. 463 (1999): 113–118.
[183] Huang. H. Reliability Evaluation of a Hydraulic Truck Crane Using Field Data with Fuzziness. *Microelectronics and Reliability* 36, no. 10 (1996): 1531–1536.
[184] Huang, H., X. Yuan, and X Yao. Fuzzy Fault Tree Analysis of Railway Traffic Safety. *Proceedings of the Conference on Traffic and Transportation Studies*, 2000, 107–112.
[185] Hudoklin, A., and V. Rozman. Human Errors Versus Stress. *Reliability Engineering & System Safety* 37 (1992): 231–236.
[186] Hudoklin, A., and V. Rozman. Reliability of Railway Traffic Personnel. *Reliability Engineering & System Safety* 52 (1996): 165–169.
[187] Hudoklin, A., and V. Rozman. Safety Analysis of the Railway Traffic System. *Reliability Engineering and System Safety* 37, no. 1 (1992): 7–13.
[188] Hughes, S., S. Warner Jones, and K. Shaw. Experience in the Analysis of Accidents and Incidents Involving the Transport of Radioactive Materials. *Nuclear Engineer* 44, no. 4 (2003): 105–109.
[189] Icci, S. Tecnologia e Comportamenti Umani Nella Sicurezza Della Circolazione Ferroviaria; Technology and Human Behaviour in Railway Traffic Safety. *Ingegneria Ferroviaria* 56, no. 5 (2001): 227–232.
[190] Ikeda, T. Human Factors Concerning Drivers of High-Speed Passenger Trains. *Rail International*, no. 3 (1995): 19–24.
[191] Ingleby, M., and I. Mitchell. Proving Safety of a Railway Signalling System Incorporating Geographic Data. *Proceedings of the IFAC Symposium*, 1992, 129–134.
[192] Inoue, T., K. Kusukami, and S. Kon-No. Car Driver Behavior in Railway Crossing Accident. *Quarterly Report of RTRI (Railway Technical Research Institute of Japan)* 37, no. 1 (1996): 26–31.
[193] Inozu, B., P. G. Schaedel, V. Molinari, P. Roy, and R. Johns. Reliability Data Collection for Ship Machinery. *Marine Technology* 35, no. 2 (1998): 119–125.
[194] Itajima, H., N. Numata, K. Yamamoto, and Y. Goi. Prediction of Automobile Driver Sleepiness. *Transactions of the Japan Society of Mechanical Engineers, Part C* 63, no. 613 (1997): 3059–3066.
[195] Itoh, K., H. Tanaka, and M. Seki. Eye-Movement Analysis of Track Monitoring Patterns of Night Train Operators: Effects of Geographic Knowledge and Fatigue. *Proceedings of the 14th Triennial Congress of the International Ergonomics Association and 44th Annual Meeting of the Human Factors and Ergonomics Society*, 2000, 360–363.

[196] Janota, A. Using Z Specification for Railway Interlocking Safety. *Periodica Polytechnica Transportation Engineering* 28, no. 1–2 (2000): 39–53.

[197] Ji, Q., Z. Zhu, and P. Lan. Real-Time Nonintrusive Monitoring and Prediction of Driver Fatigue. *IEEE Transactions on Vehicular Technology* 53, no. 4 (2004): 1052–1068.

[198] Jiang, C.A. A Fault Diagnosis System of Railway Vehicles Axle Based on Translation Invariant Wavelet. *Proceedings of the 6th International Conference on Machine Learning and Cybernetics*, 2007, 1045–1050.

[199] Johnson, W. B., and W. T. Shepherd. Impact of Human Factors Research on Commercial Aircraft Maintenance and Inspection. *Proceedings of the International Air Safety Seminar*, 1993, 187–199.

[200] Joshi, V. V., L. M. Kaufman, and T. C. Giras. Human Behavior Modeling in Train Control Systems. *Proceedings of the Annual Reliability and Maintainability Symposium*, 2001, 183–188.

[201] Kaewunruen, S., and A. M. Remennikov. Effect of a Large Asymmetrical Wheel Burden on Flexural Response and Failure of Railway Concrete Sleepers in Track Systems. *Engineering Failure Analysis* 15, no. 8 (2008): 1065–1075.

[202] Kakudate, S., and K. Shibanuma. Rail Deployment and Storage Procedure and Test for ITER Blanket Remote Maintenance. *Fusion Engineering and Design* 65, no. 1 (2003): 133–140.

[203] Kamiyama, M., A. Furukawa, and A. Yoshimura. The Effect of Shifting Errors when Correcting Track Irregularities with a Heavy Tamping Machine. *Advances in Transport* 7 (2000): 95–104.

[204] Kantowitz, B. H., R. J. Hanowski, and S. C. Kantowitz. Driver Acceptance of Unreliable Traffic Information in Familiar and Unfamiliar Settings. *Human Factors* 39, no. 2 (1997): 164–174.

[205] Kataoka, K., and K. Komaya. Crew Operation Scheduling Based on Simulated Evolution Technique. *Proceedings of the International Conference on Computer Aided Design, Manufacture and Operation in The Railway and Other Advanced Mass Transit Systems*, 1998, 277–285.

[206] Kerstholt, J. H., P. O. Passenier, K. Houttuin, and H. Schuffel. Effect of A Priori Probability and Complexity on Decision Making in a Supervisory Control Task. *Human Factors* 38, no. 1 (1996): 65–79.

[207] Khan, F. I., and M. R. Haddara. Risk-Based Maintenance of Ethylene Oxide Production Facilities. *Journal of Hazardous Materials* 108, no. 3 (2004): 147–159.

[208] Kierkegaard, H. Using UHP Water Jetting for Coating Maintenance on Ships at Sea. *Journal of Protective Coatings and Linings* 17, no. 1 (2000): 38–47.

[209] Kim, T. Human Factors and Regulatory Regime in Design and Construction of Safe and Robust Ships and Maintaining Them for Their Lifetime. *Proceedings of the Royal Institution of Naval Architects International Conference on Human Factors in Ship Design, Safety and Operation*, 2005, 73–81.

[210] Kirwan, B. The Role of the Controller in the Accelerating Industry of Air Traffic Management. *Safety Science* 37, no. 2–3 (2001): 151–185.

[211] Kizil, M. S., J. Peterson, and W. English. The Effect of Coal Particle Size on Colorimetric Analysis of Roadway Dust. *Journal of Loss Prevention in the Process Industries* 14, no. 5 (2001): 387–394.

[212] Kletzli, D. B., C. Cusano, and T. F. Conry. Thermally Induced Failures in Railroad Tapered Roller Bearings. *Tribology Transactions* 42, no. 4 (1999): 824–832.

[213] Knox, C. E., and C. H. Scanlon. Flight Tests Using Data Link for Air Traffic Control and Weather Information Exchange. *SAE (Society of Automotive Engineers) Transactions* 99 (1990): 1683–1688.

[214] Kobylinski, L. K. Rational Approach to Ship Safety Requirements. *Proceedings of the International Conference on Marine Technology*, 1997, 3–13.

[215] Koppa, R. J., D. B. Fambro, and R. A. Zimmer. Measuring Driver Performance in Braking Maneuvers. *Transportation Research Record*, no. 1550 (1996): 8–15.

[216] Kovalev, V. I. Managing Maintenance on the World's Longest Rail Network. *Railway Gazette International* 154, no. 3 (1998): 159–161.

[217] Kovari, B. Air Crew Training, Human Factors and Reorganizing in Case of Irregularities. *Periodica Polytechnica Transportation Engineering* 33, no. 1–2 (2005): 77–88.

[218] Kraft, E. R. A Hump Sequencing Algorithm for Real Time Management of Train Connection Reliability. *Journal of the Transportation Research Forum* 39, no. 4 (2000): 95–115.

[219] Kraiss, K., and N. Hamacher. Concepts of User Centered Automation. *Aerospace Science and Technology* 5, no. 8 (2001): 505–510.

[220] Kras, A., and J. Susanj. Maintainability Design of Ship Electronic System. *Proceedings of the 47th International Symposium on Electronics in Marine*, 2005, 381–384.

[221] Kraus, D. C., and A. K. Gramopadhye. Effect of Team Training on Aircraft Maintenance Technicians: Computer-Based Training Versus Instructor-Based Training. *International Journal of Industrial Ergonomics* 27, no. 3 (2001): 141–157.

[222] Krauss, G. R., and A. Cardo. Safety of Life at Sea: Lessons Learned from the Analysis of Casualties Involving Ferries. *Proceedings of the International Offshore and Polar Engineering Conference* 3 (1997): 484–491.

[223] Labropoulos, K. C., P. Moundoulas, and A. Moropoulou. Methodology for the Monitoring, Control and Warning of Defects for Preventive Maintenance of Rails. *Proceedings of the 10th International Conference on Computer System Design and Operation in the Railway and Other Transit Systems*, 2006, 935–944.

[224] Lamonde, F. Safety Improvement in Railways: Which Criteria for Coordination at a Distance Design? *International Journal of Industrial Ergonomics* 17, no. 6 (1996): 481–497.

[225] Lancaster, F. A. Pulsed Semiconductor Diode Lasers as an Environmentally Efficient and Affordable Decoding Method for Shipbuilding and Ship Maintenance. *Journal of Ship Production* 19, no. 3 (2003): 165–178.

[226] Larue, C., and H. H. Cohen. Consumer Perception of Light Truck Safety. *Proceedings of the Human Factors Society 34th Annual Meeting*, 1990, 589–590.

[227] Latorella, K. A. Investigating Interruptions: An Example from the Flightdeck. *Proceedings of the Human Factors and Ergonomics Society Annual Meeting* 1 (1996): 249–254.

[228] Lauber, J. K. Contribution of Human Factors Engineering to Safety. *Proceedings of the International Air Safety Seminar*, 1993, 77–88.

[229] Lee, J. D., and T. F. Sanquist. Augmenting the Operator Function Model with Cognitive Operations: Assessing the Cognitive Demands of Technological Innovation in Ship Navigation. *IEEE Transactions on Systems, Man, and Cybernetics: Part A: Systems and Humans* 30, no. 3 (2000): 273–285.

[230] Lenior, T. M. J. Analyses of Cognitive Processes in Train Traffic Control. *Ergonomics* 36 (1993): 1361–1368.

[231] Lerner, N., G. Steinberg, R. Huey, and F. Hanscom. Driver Misperception of Maneuver Opportunities and Requirements. *Proceedings of the 14th Triennial Congress of the International Ergonomics Association and 44th Annual Meeting of the Human Factors and Ergonomics Society*, 2000, 255–258.

[232] Li, D., W. Tang, and S. Zhang. Hybrid Event Tree Analysis of Ship Grounding Probability. *Proceedings of the International Conference on Offshore Mechanics and Arctic Engineering (OMAE)* 2 (2003): 345–349.

[233] Li, D., W. Tang, and S. Zhang. Hybrid Event Tree Calculation of Ship Grounding Probability Caused by Piloting Failure. *Shanghai Jiaotong Daxue Xuebao/Journal of Shanghai Jiaotong University* 37, no. 8 (2003): 1146–1150.

[234] Lin, L. J., and H. H. Cohen. Accidents in the Trucking Industry. *International Journal of Industrial Ergonomics* 20 (1997): 287–300.

[235] Lin, Y., L. Liu, B. Stratman, and S. Mahadevan. Multiaxial Fatigue Reliability Analysis of Railroad Wheels. *Reliability Engineering and System Safety* 93, no. 3 (2008): 456–467.

[236] Ling, J. Integrated Reliability Development for the Front Suspension Systems in Light Duty Dodge Ram Truck. *International Journal of Reliability, Quality, and Safety Engineering* 13, no. 3 (2006): 193–202.

[237] Lobb, B., N. Harre, and T. Suddendorf. An Evaluation of a Suburban Railway Pedestrian Crossing Safety Programme. *Accident Analysis and Prevention* 33, no. 2 (2001): 157–165.

[238] Lourens, P. F. Theoretical Perspectives on Error Analysis and Traffic Behaviour. *Ergonomics* 33, no. 10–11 (1990): 1251–1263.

[239] Lucas, D. Safe People in Safe Railways. *IEE Colloquium (Digest)*, no. 49 (2000): 3/1–3/2.

[240] MacGregor, C., and H. D. Hopfl. Integrating Safety and Systems: The Implications for Organizational Learning. *Proceedings of the International Air Safety Seminar*, 1992, 304–311.

[241] Majos, K. Communication and Operational Failures in the Cockpit. *Human Factors and Aerospace Safety* 1, no. 4 (2001): 323–340.

[242] Majumdar, A., and W. Y. Ochieng. A Trend Analysis of Air Traffic Occurrences in the UK Airspace. *Journal of Navigation* 56, no. 2 (2003): 211–229.

[243] Majumdar, A., W. Y. Ochieng, and P. Nalder. Trend Analysis of Controller-Caused Airspace Incidents in New Zealand, 1994–2002. *Transportation Research Record*, no. 1888 (2004): 22–33.

[244] Majumdar, A., W. Y. Ochieng, and P. Nalder. Airspace Safety in New Zealand: A Causal Analysis of Controller Caused Airspace Incidents between 1994–2002. *The Aeronautical Journal* 108 (May 2004): 225–236.

[245] Malavasi, G., and S. Ricci. Simulation of Stochastic Elements in Railway Systems Using Self-Learning Processes. *European Journal of Operational Research* 131, no. 2 (2001): 262–272.

[246] Malone, T. B., G. K. Rousseau, and J. T. Malone. Enhancement of Human Reliability in Port and Shipping Operations. *Water Studies* 9 (2000): 101–111.

[247] Marino, F., A. Distante, P. L. Mazzeo, and E. Stella. A Real-Time Visual Inspection System for Railway Maintenance: Automatic Hexagonal-Headed Bolts Detection. *IEEE Transactions on Systems, Man, and Cybernetics* 37, no. 3 (2007): 418–428.

[248] Martland, C. D. Railroad Freight Service Reliability: The Role of Control Systems. *Proceedings of the 3rd International Conference on Computer Aided Design, Manufacture and Operation in Railway and Other Advanced Mass Transit Systems*, 1992, 3–14.

[249] Mathews, H. W. J. Global Outlook of Safety and Security Systems in Passenger Cars and Light Trucks. *Proceedings of the Society of Automotive Engineers Conference*, 1992, 71–93.

[250] Matthews, R. A. Partnerships Improve Rail's Safety Record. *Railway Age* 202, no. 3 (2001): 14.

[251] Mayfield, T. F. Role of Human Factors Engineering in Designing for Operator Training. *American Society of Mechanical Engineers Publications on Safety Engineering and Risk Analysis (SERA)* 1 (1994): 63–68.

[252] Mazzeo, P. L., M. Nitti, E. Stella, N. Ancona, and A. Distante. An Automatic Inspection System for the Hexagonal Headed Bolts Detection in Railway Maintenance. *Proceedings of the IEEE Conference on Intelligent Transportation Systems*, 2004, 417–422.

[253] McDonald, W. A., and E. R. Hoffmann. Driver's Awareness of Traffic Sign Information. *Ergonomics* 34 (1991): 585–612.

[254] Mcdowell, J. Electronics Maintenance in Truck and Bus Fleets. *Proceedings of the International Truck and Bus Meeting and Exposition*, 1991, 1–10.

[255] McGuire, B., R. Sarunac, and R. B. Wiley. Wayside Wheel/Rail Load Detector Based Rail Car Preventive Maintenance. *Proceedings of the ASME/IEEE Joint Rail Conference and the ASME Internal Combustion Engine Division Spring Technical Conference*, 2007, 19–128.

[256] McLeod, R. W., G. H. Walker, and N. Moray. Analysing and Modelling Train Driver Performance. *Applied Ergonomics* 36, no. 6 (2005): 671–680.

[257] McSweeney, K. P., C. C. Baker, and D. B. McCafferty. Revision of the American Bureau of Shipping Guidance Notes on the Application of Ergonomics to Marine Systems: A Status Report. *Proceedings of the Annual Offshore Technology Conference*, 2002, 2577–2581.

[258] Meadow, L. Los Angeles Metro Blue Line Light Rail Safety Issues. *Transportation Research Record*, no. 1433 (1994): 123–133.

[259] Menon, D., and G. Kumaran. Dynamic Analysis and Reliability-Based Analysis of PSC Rail-Track Sleepers. *Journal of Structural Engineering* 30, no. 1 (2003): 25–31.

[260] Metzger, U., and R. Parasuraman. Automation in Future Air Traffic Management: Effects of Decision Aid Reliability on Controller Performance and Mental Workload. *Human Factors* 47, no. 1 (2005): 35–49.

[261] Mikulski, J. Malfunctions of Railway Traffic Control Systems: Failure Rate Analysis. *Proceedings of the 3rd International Conference on Computer Simulation in Risk Analysis and Hazard Mitigation*, 2002, p. 141–147.

[262] Mitchell, J. S. Nuts and Bolts of Rail Safety. *Professional Engineering* 15, no. 16 (2002): 1.

[263] Mitra, A. K. Relevance of Condition Based Maintenance Onboard a Ship. *Journal of the Institution of Engineers (India), Part MR: Marine Engineering Division* 86 (2006): 50–55.

[264] Mjos, K. Human Error Flight Operations. Ph.D. diss., Dept. of Psychology, Norwegian University of Science and Technology, Trondheim, 2002.

[265] Modugno, F., N. G. Leveson, J. D. Reese, K. Partridge, and S. Sandys. Creating and Analyzing Requirement Specifications of Joint Human-Computer Controllers for Safety-Critical Systems. *Proceedings of the Annual Symposium on Human Interaction with Complex Systems*, 1996, 46–53.

[266] Mollard, R., A. Coblentz, and P. Cabon. Vigilance in Transport Operations. Field Studies in Air Transport and Railways. *Proceedings of the Human Factors Society Annual Meeting*, 1990, 1062–1066.

[267] Moray, N. Designing for Transportation Safety in the Light of Perception, Attention, and Mental Models. *Ergonomics* 33, no. 10–11 (1990): 1201–1213.
[268] Mosier, K. L., E. A. Palmer, and A. Degani. Electronic Checklists: Implications for Decision Making. *Proceedings of the Human Factors Society Annual Conference*, 1992, 7–11.
[269] Murotsu, Y., H. Okada, S. Hibi, O. Niho, and H. Kaminaga. System for Collapse and Reliability Analysis of Ship Structures Using a Spatial Element Model. *Marine Structures* 8, no. 2 (1995): 133–149.
[270] Nakamura, H., and K. Takeshi. Fault Tolerant Microcomputer Design and Application for Railway Train Control. *Proceedings of the IFIP World Computer Congress*, 1992, 652–658.
[271] Nelson, D., and K. O'Neil. Commuter Rail Service Reliability: On-Time Performance and Causes for Delays. *Transportation Research Record*, no. 1704 (2000): 42–50.
[272] Nelson, R. H. Safety is Good Business. *Railway Age* 205, no. 6 (2004): 10.
[273] Nelson, W. R. Integrated Design Environment for Human Performance and Human Reliability Analysis. *Proceedings of the IEEE Conference on Human Factors and Power Plants*, 1997, 8.7–8.11.
[274] Nelson, W. R. Structured Methods for Identifying and Correcting Potential Human Errors in Aviation Operations. *Proceedings of the IEEE International Conference on Systems, Man and Cybernetics* 4 (1997): 3132–3136.
[275] Nibbering, J. J. W. Structural Safety and Fatigue of Ships. *International Shipbuilding Progress* 39, no. 420 (1992): 61–98.
[276] Nolan, M., and T. Cesarrone. Implementation of Prognostics Framework on Navy Battle Group-Automated Maintenance Environment (BGAME) and Total Ship Monitoring (TSM) Programs. *Proceedings of the IEEE Systems Readiness Technology Conference*, 2002, 788–800.
[277] Novak, M. Problems of Attention Decreases of Human System Operators. *Neural Network World* 14, no. 3–4 (2004): 291–301.
[278] Novak, M., and Z. Votruba. Challenge of Human Factor Influence for Car Safety. *Neural Network World* 14, no. 1 (2004): 37–41.
[279] Novak, M., Z. Votruba, and J. Faber. Impacts of Driver Attention Failures on Transport Reliability and Safety and Possibilities of Its Minimizing. *Neural Network World* 14, no. 1 (2004): 49–65.
[280] Ogle, J., R. Guensler, W. Bachman, M. Koutsak, and J. Wolf. Accuracy of Global Positioning System for Determining Driver Performance Parameters. *Transportation Research Record*, no. 1818 (2002): 12–24.
[281] Ogura, M. Status Quo and Future Outlook of High-Tech Track Maintenance: The Latest Report From Japan Railway Company. *Japanese Railway Engineering*, no. 120 (1992): 1–5.
[282] Oh, K. K., C. D. Martland, J. M. Sussman, and P. Little. Origin-to-Destination Trip Times and Reliability of Rail Freight Services in North American Railroads. *Transportation Research Record*, no. 1489 (1995): 1–8.
[283] Oka, K., and M. Shigemori. Study on Validity of Psychological Aptitude Tests for Train Operation Divisions: A Study on Validity of Intelligence Test Pass or Failure Criterion Adopted in Japanese Railway Industry. *Quarterly Report of RTRI (Railway Technical Research Institute of Japan)* 43, no. 2 (2002): 63–66.
[284] Oliverira, A. M., A. C. G. Melo, and L. M. V. G. Pinto. Consideration of Equipment Failure Parameter Uncertainties in Bus Composite Reliability Indices. *Proceedings of the IEEE Power Engineering Society Winter Meeting*, 1999, 448–453.

[285] On, K., K. Choi, and J. Yoon. Human Sensibility Ergonomics Approach to Vehicle Simulator Based on Dynamics. *JSME International Journal, Series C: Mechanical Systems, Machine Elements and Manufacturing* 47, no. 3 (2004): 889–895.

[286] Orasanu, J., U. Fischer, L. K. McDonnell, J. Davison, K. E. Haars, E. Villeda, and C. VanAken. How Do Flight Crews Detect and Prevent Errors? Findings from a Flight Simulation Study. *Proceedings of the Human Factors and Ergonomics Society Annual Meeting* 1 (1998): 191–195.

[287] Orlady, H. W., and L. M. Orlady. Human Factors in Multi-Crew Flight Operations. *Aeronautical Journal* 106 (2002): 321–324.

[288] Panait, C., G. Caruntu, M. Dragomirescu, and O. Dragomirescu. Reliability Indicators for Redundant Systems Used on Ships. *Proceedings of the 3rd IEEE Workshop on Intelligent Data Acquisition and Advanced Computing Systems*, 2005, 31–35.

[289] Panzera, V. M. Managing Operational Safety in All Phases of the Life Cycle of Railway Operations. *Proceedings of the 26th Annual Southern African Transport Conference*, 2007, 801–811.

[290] Parasuraman, R., P. A. Hancock, and O. Olofinboba. Alarm Effectiveness in Driver-Centred Collision-Warning Systems. *Ergonomics* 40, no. 3 (1997): 390–399.

[291] Parker, J. F. J. Human Factors Guide for Aviation Maintenance. *Proceedings of the Human Factors and Ergonomics Society Annual Meeting* 1 (1993): 30–35.

[292] Pauzie, A. Human Interface of in-Vehicle Information Systems. *Proceedings of the Conference on Vehicle Navigation and Information Systems*, 1994, 6–11.

[293] Peacock, T. Developing Safety and Operating Standards for Rail Transit: Online on Time, and Track. *TR News*, no. 215 (2001): 3–5.

[294] Pearman, G. R. Automatic Busbar Transfer Switch Fault Tree Analysis. *Marine Periodica Polytechnica: Mechanical Engineering* 36, no. 1 (1992): 395–407.

[295] Ping, L., and C. Xiufang. Reliability Analysis of the Stability of Continuous Welded Rail Track. *Journal of Structural Engineering (Madras)* 27, no. 1 (2000): 49–53.

[296] Polet, P., F. Vanderhaegen, and P. Millot. Analysis of Intentional Human Deviated Behaviour: An Experimental Study. *Proceedings of the IEEE International Conference on Systems, Man and Cybernetics* 3 (2004): 2605–2610.

[297] Ranney, T. A., E. N. Mazzae, W. R. Garrott, and F. S. Barickman. Development of a Test Protocol to Demonstrate the Effects of Secondary Tasks on Closed-Course Driving Performance. *Proceedings of the Human Factors and Ergonomics Society Annual Conference*, 2001, 1581–1585.

[298] Rao, A., and T. Tsai. Safety Standards for High-Speed Rail Transportation. *Transportation Research Record*, no. 1995 (2007): 35–42.

[299] Reason, J. Maintenance-Related Errors: The Biggest Threat to Aviation Safety after Gravity. *Aviation Safety*, 1997, 465–470.

[300] Regunath, S., S. Raina, and A. K. Gramopadhye. Use of HTA in Establishing Training Content for Aircraft Inspection. *Proceedings of the IIE Annual Conference*, 2004, 2279–2282.

[301] Reid, W. S. Safety in Perspective, for Autonomous Off Road Equipment (AORE). *Proceedings of the ASABE Annual International Meeting*, 2004, 1141–1146.

[302] Reinach, S., and A. Viale. Application of a Human Error Framework to Conduct Train Accident/Incident Investigations. *Accident Analysis and Prevention* 38 (2006): 396–406.

[303] Reliability-Based Design Criteria for Surface Ship Structure. *Naval Engineers Journal* 107, no. 1 (1995): 45–61.

[304] Resor, R. R., and P. K. Patel. Allocating Track Maintenance Costs on Shared Rail Facilities. *Transportation Research Record*, no. 1785 (2002): 25–32.

[305] Resor, R. R., and A. M. Zerembski. Development of Track Maintenance Planning Models for Rail Rapid Transit Systems. *Proceedings of the 3rd International Conference on Computer Aided Design, Manufacture and Operation in the Railway and Other Advanced Mass Transit Systems*, 1992, 215–226.

[306] Richards, P. G. The Perceived Gap between Need(ed) and Mandated Training: 'Mind the Gap.' *Aeronautical Journal* 106 (2002): 427–430.

[307] Riley, M. W., and T. L. Stentz. Incidence of Upper Extremity Pain in Railroad Maintenance and Repair Operations. *Proceedings of the Human Factors Society 35th Annual Meeting*, 1991, 853–856.

[308] Rognin, L., P. Salembier, and M. Zouinar. Cooperation, Reliability of Socio-Technical Systems and Allocation of Function. *International Journal of Human Computer Studies* 52, no. 2 (2000): 357–379.

[309] Rohrer, P. Perfect Railway Maintenance. *Sulzer Technical Review* 79, no. 2 (1997): 30–31.

[310] Rosin, A., T. Moller, and J. Laugis. Maintenance Analyses, Control and Supervision System Design of Light Rail: An Application in Estonia. *Proceedings of the 32nd IEEE Annual Conference on Industrial Electronics*, 2006, 489–494.

[311] Rudd, D. Our Chance to Put Rail Safety First. *Professional Engineering* 14, no. 19 (2001): 17–19.

[312] Rudlin, J., A. Muhammed, and C. Schneider. Inspection Reliability and Periodicity for Rail Axle Inspection. *Insight: Non-Destructive Testing and Condition Monitoring* 48, no. 6 (2006): 348–351.

[313] Rumar, K. Basic Driver Error: Late Detection. *Ergonomics* 33, no. 10–11 (1990): 1281.

[314] Rupp, A., and V. V. Grubisic. Reliable Determination of Multi-Axial Road Loads and Tire Deformations on Buses and Heavy Trucks for the Design and Proof Out. *Proceedings of the International Truck and Bus Meeting and Exposition*, 1997, 9–19.

[315] Rushworth, A. M. Reducing Accident Potential by Improving the Ergonomics and Safety of Locomotive and FSV Driver Cabs by Retrofit. *Mining Technology* 78, no. 898 (1996): 153–159.

[316] Saccomanno, F. F., L. Craig, and J. H. Shortreed. Truck Safety Issues and Recommendations of the Conference on Truck Safety: Perceptions and Reality. *Canadian Journal of Civil Engineering* 24, no. 2 (1997): 357–369.

[317] Saccomanno, F. F., J. H. Shortreed, and M. Thomson. Fault Tree Analysis of Releases of Pressure-Liquefied Gases from In-Transit Rail Bulk Tankers. *Forensic Engineering* 2, no. 3 (1990): 326–332.

[318] Sadasivan, S., J. S. Greenstein, A. K. Gramopadhye, and A. T. Duchowski. Use of Eye Movements as Feedforward Training for a Synthetic Aircraft Inspection Task. *Proceedings of the Conference on Human Factors in Computing Systems*, 2005, 141–149.

[319] Sadasivan, S., D. Nalanagula, J. Greenstein, A. Gramopadhye, and A. Duchowski. Training Novice Inspectors to Adopt an Expert's Search Strategy. *Proceedings of the IIE Annual Conference*, 2004, 2257–2262.

[320] Sanquist, T. F. Human Factors in Maritime Applications: A New Opportunity for Multi-Modal Transportation Research. *Proceedings of the Human Factors Society Annual Meeting* 2 (1992): 1123–1127.
[321] Sasou, K., and J. Reason. Team Errors: Definition and Taxonomy. *Reliability Engineering and System Safety* 65, no. 1 (1999): 1–9.
[322] Schmid, F. Organisational Ergonomics: A Case Study from the Railway Systems Area. *IEE Conference Publication*, No. 481 (2001): 261–270.
[323] Schmid, F., and L. M. Collis. Human Centred Design Principles. *IEE Conference Publication*, no. 463 (1999): 37–43.
[324] Schmidt, R. A., D. E. Young, T. J. Ayres, and J. R. Wong. Pedal Misapplications: Their Frequency and Variety Revealed through Police Accident Reports. *Proceedings of the Human Factors and Ergonomics Society Annual Conference* 2 (1997): 1023–1027.
[325] Schwartz, G. Reliability and Survivability in the Reduced Ship's Crew By Virtual Presence System. *Proceedings of the International Conference on Dependable Systems and Networks*, 2002, 199–204.
[326] Seiff, H. E. Status Report on Large-Truck Safety. *Transportation Quarterly* 44, no. 1 (1990): 37–50.
[327] Shappell, S. A., and D. A. Wiegmann. A Human Error Analysis of General Aviation Controlled Flight into Terrain Accidents Occurring between 1990–1998. Report No. DOT/FAA/AM-03/4, Office of Aerospace Medicine, Federal Aviation Administration, Washington, D.C., March 2003.
[328] Shelden, S., and S. Belcher. Cockpit Traffic Displays of Tomorrow. *Ergonomics in Design* 7, no. 3 (1999): 4–9.
[329] Shepherd, A., and E. Marshall. Timeliness and Task Specification in Designing for Human Factors in Railway Operations. *Applied Ergonomics* 36, no. 6 (2005): 719–727.
[330] Shinomiya, A. Recent Researches of Human Science on Railway Systems. *Quarterly Report of RTRI (Railway Technical Research Institute of Japan)* 43, no. 2 (2002): 54–57.
[331] Shorrock, S. T. Errors of Memory in Air Traffic Control. *Safety Science* 43, no. 8 (2005): 571–588.
[332] Shorrock, S. T., and B. Kirwan. Development and Application of a Human Error Identification Tool for Air Traffic Control. *Applied Ergonomics* 33, no. 4 (2002): 319–336.
[333] Shorrock, S. T., B. Kirwan, H. MacKendrick, R. Scaife, and S. Foley. The Practical Application of Human Error Assessment in UK Air Traffic Management. *IEE Conference Publication*, no. 481 (2001): 190–195.
[334] Singer, G., and A. Starr. Improvement by Regulation: Addressing Flight Crew Error/Performance in a New Flight Deck Certification Process. *Proceedings of the Annual European Aviation Safety Seminar*, 2004, 83–87.
[335] Siregar, M. L., and W. K. Kaligis. Viewing Characteristics of Drivers. *Advances in Transport* 8 (2001): 579–587.
[336] Skarlatos, D., K. Karaksis, and A. Trochidis. Railway Wheel Fault Diagnosis Using a Fuzzy-Logic Method. *Applied Acoustics* 65, no. 10 (2004): 951–966.
[337] Small, D. W., and K. Kerns. Opportunities for Rapid Integration of Human Factors in Developing a Free Flight Capability. *Proceedings of the AIAA/IEEE Digital Avionics Systems Conference*, 1995, 468–473.

[338] Soares, C. G., and Y. Garbatov. Reliability of Maintained Ship Hulls Subjected to Corrosion and Fatigue under Combined Loading. *Journal of Constructional Steel Research* 52, no. 1 (1999): 93–115.
[339] Song, H. S., and T. G. Kim. Application of Real-Time DEUS to Analysis of Safety-Critical Embedded Control Systems: Railroad Crossing Control Example. *Simulation* 81, no. 2 (2005): 119–136.
[340] Sorratini, J. A., R. Liu, and S. Sinha. Assessing Bus Transport Reliability Using Micro-Simulation. *Transportation Planning and Technology* 31, no. 3 (2008): 303–324.
[341] Spyrou, K. J. Asymmetric Surging of Ships in Following Seas and Its Repercussions for Safety. *Nonlinear Dynamics* 43, no. 1–2 (2006): 149–172.
[342] Sraeter, O., and B. Kirwan. Differences between Human Reliability Approaches in Nuclear and Aviation Safety. *Proceedings of the IEEE 7th Human Factors Meeting*, 2002, 3.34–3.39.
[343] Stager, P., and D. Hameluck. Ergonomics in Air Traffic Control. *Ergonomics* 33, no. 4 (1990): 493–499.
[344] Stavropoulos, C. N., and S. D. Fassois. Non-Stationary Functional Series Modeling and Analysis of Hardware Reliability Series: A Comparative Study Using Rail Vehicle Interfailure Times. *Reliability Engineering and System Safety* 68, no. 2 (2000): 169–183.
[345] Stentz, T. L., M. W. Riley, C. L. Glismann, J. L. Ballard, and R. C. Sposato. Carpal Tunnel Syndrome Prevalence in a Heavy Railroad Maintenance and Repair Facility. *Proceedings of the Human Factors and Ergonomics Society Annual Meeting*, 1992, 788–790.
[346] Strathman, J. G., K. J. Dueker, T. Kimpel, R. Gerhart, K. Turner, P. Taylor, S. Callas, D. Griffin, and J. Hopper. Automated Bus Dispatching, Operations Control, and Service Reliability: Baseline Analysis. *Transportation Research Record*, no. 1666 (1999): 28–36.
[347] Sun, Q., and X. Cheng. Computer-Aided System of Opening Comprehensive Maintenance Window for Beijing-Shanghai High-Speed Railway. *Proceedings of the 4th International Conference on Traffic and Transportation Studies*, 2004, 688–697.
[348] Sweeney, M. M., V. S. Ellingstad, D. L. Mayer, M. D. Eastwood, E. B. Weinstein, and B. S. Loeb. The Need for Sleep: Discriminating between Fatigue-Related and Non Fatigue-Related Truck Accidents. *Proceedings of the Human Factors and Ergonomics Society Annual Conference* 2 (1995): 1122–1126.
[349] Tan, B. K., and R. N. Fuller. Philosophy of Replacement Versus Continued Maintenance of the EMU: A Railway Man's Point of View. *Proceedings of the 6th Biennial National Railway Conference*, 1991, 165–169.
[350] Taylor, M. Integration of Life Safety Systems in a High-Risk Underground Environment. *Engineering Technology* 8, no. 7 (2005): 42–47. *Technology* 34, no. 1 (1997): 31–43.
[351] Telle, B., F. Vanderhaegen, and N. Moray. Railway System Design in the Light of Human and Machine Unreliability. *Proceedings of the IEEE International Conference on Systems, Man and Cybernetics* 4 (1996): 2780–2785.
[352] Tinham, B. New View on Rail Maintenance. *Plant Engineer* 51, no. 3 (2007): 29–30.
[353] Tsai, T., J. H. Lamond, and S. S. C. Liao. Impact Resistance of Rail Vehicle Window Glazing and Related Safety Issues. *Proceedings of the ASME International Mechanical Engineering Congress and Exposition*, 2005, 143–151.

[354] Tseng, C., and C. Lin. Characterisation of Solenoid Valve Failure for Electronic Diesel Fuel Injection System of Commercial Trucks. *International Journal of Heavy Vehicle Systems* 13, no. 3 (2006): 180–193.

[355] Tsuchiya, M., and H. Ikeda. Human Reliability Analysis of LPG Truck Loading Operation. *Proceedings of the IFAC/IMACS Symposium on Fault Detection, Supervision, and Safety for Technical Processes*, 1991, 135–139.

[356] Tsuchiya, M., and H. Ikeda. Human Reliability Analysis of LPG Truck Loading Operation. *IFAC Symposia Series*, no. 6 (1992): 135–139.

[357] Tsujimura, T., K. Takao, and K. Sato. Recent Trend of Brake Disk Material: Bounding for Speed-Up and Reduction of Maintenance Cost of Railway Cars. *Japanese Railway Engineering*, no. 124 (1993): 18–20.

[358] Tsukamoto, D., and T. Hasegawa. Development of Maintenance Support System for Wayside Workers. *Quarterly Report of RTRI (Railway Technical Research Institute of Japan)* 43, no. 4 (2002): 175–181.

[359] Ueyama, K. Research and Development on Maintenance Technologies in Railway Technical Research Institute (RTRI). *Quarterly Report of RTRI (Japan)* 42, no. 1 (2001): 7–9.

[360] Ugajin, H. Human Factors Approach to Railway Safety. *Quarterly Report of RTRI (Railway Technical Research Institute of Japan)* 40, no. 1 (1999): 5–10.

[361] Ujimoto, K. V. Integrating Human Factors into the Safety Chain: A Report on International Air Transport Association's (IATA) Human Factors '98. *Canadian Aeronautics and Space Journal* 44, no. 3 (1998): 194–197.

[362] Ursenbach, A., Q. Wang, and M. Rao. Intelligent Maintenance Support System for Trucks. *Proceedings of the Intelligent Vehicles Symposium*, 1995, 235–240.

[363] Uzarski, D. R. Planning Maintenance and Rehabilitation Activities for Local Railroads. *Proceedings of the Infrastructure Planning and Management Conference*, 1993, 295–299.

[364] Vagenas, N., U. Kumar, and E. Ronnkvist. Analysis of Truck Maintenance Characteristics in a Swedish Open Pit Mine. *International Journal of Surface Mining, Reclamation and Environment* 8, no. 2 (1994): 65–71.

[365] Vakil, S. S., and R. J. Hansman. Predictability as a Metric of Automation Complexity. *Proceedings of the Human Factors and Ergonomics Society Annual Meeting* 1 (1997): 70–74.

[366] Vanderhaegen, F. APRECIH: A Human Unreliability Analysis Method: Application to Railway System. *Control Engineering Practice* 7, no. 11 (1999): 1395–1403.

[367] Vanderhaegen, F. Non-Probabilistic Prospective and Retrospective Human Reliability Analysis Method: Application to Railway System. *Reliability Engineering and System Safety* 71 (2001): 1–13.

[368] Vanderhaegen, F., and B. Telle. Consequence Analysis of Human Unreliability during Railway Traffic Control. *Proceedings of the International Conference on Computer Aided Design, Manufacture and Operation in The Railway and Other Advanced Mass Transit Systems*, 1998, 949–958.

[369] Van Elslande, P., and D. Fleury. Elderly Drivers: What Errors Do They Commit on the Road? *Proceedings of the 14th Triennial Congress of the International Ergonomics Association and 44th Annual Meeting of the Human Factors and Ergonomics Society*, 2000, 259–262.

[370] Van Schrick, D. Robust Observers for Automatic Track Control and Instrument Fault Detection of a City Bus. *Proceedings of the Symposium on Fault Detection, Supervision and Safety for Technical Processes*, 1991, 235–239.

[371] Virokannas, H., H. Anttonen, and J. Niskanen. Health Risk Assessment of Noise, Hand-Arm Vibration and Cold in Railway Track Maintenance. *International Journal of Industrial Ergonomics* 13, no. 3 (1994): 247–252.

[372] Visciola, M. Pilot Errors: Do We Know Enough? *Proceedings of the International Air Safety Seminar*, 1990, 11–17.

[373] Vora, J., S. Nair, A. K. Gramopadhye, B. J. Melloy, E. Medlin, A. T. Duchowski, and B. G. Kanki. Using Virtual Reality Technology to Improve Aircraft Inspection Performance: Presence and Performance Measurement Studies. *Proceedings of the Human Factors and Ergonomics Society Annual Meeting*, 2001, 1867–1871.

[374] Wagenaar, W.A., and J. Groeneweg. Accidents at Sea: Multiple Causes and Impossible Consequences. *International Journal of Man-Machine Studies* 27 (1987): 587–598.

[375] Wang, J. Offshore Safety Case Approach and Formal Safety Assessment of Ships. *Journal of Safety Research* 33, no. 1 (2002): 81–115.

[376] Wang, X., T. Moan, and G. Jiao. Reliability Analysis of Production Ships. *International Journal of Offshore and Polar Engineering* 4, no. 4 (1994): 302–311.

[377] Watson, G. S., Y. E. Papelis, and L. D. Chen. Transportation Safety Research Applications Utilizing High-Fidelity Driving Simulation. *Advances in Transport* 14 (2003): 193–202.

[378] Webster, A. D. Contribution of Ventilation System Design and Maintenance to Air Quality on Passenger Ships. *Transactions of the Institute of Marine Engineers* 109 (1997): 145–159.

[379] Wedzinga, A. A. Revolutionary Modernization and Simplification of Air Traffic Safety Rules on Dutch Railways. *Proceedings of the 1st World Congress on Safety of Transportation*, 1992, 138–149.

[380] Wenner, C. A., and C. G. Drury. Analyzing Human Error in Aircraft Ground Damage Incidents. *International Journal of Industrial Ergonomics* 26 (2000): 177–199.

[381] West, R., D. French, R. Kemp, and J. Elander. Direct Observation of Driving, Self Reports of Driver Behaviour, and Accident Involvement. *Ergonomics* 36, no. 5 (1993): 557–567.

[382] Wewerinke, P. H. Models of Manned Ship Operations for the Assessment of Safety. *Proceedings of MARIN Workshops on Advanced Vessels, Station Keeping, Propulsor-Hull Interaction, and Nautical Simulators*, 1992, 679–683.

[383] White, P., N. Dennis, and N. Tylor. Analysis of Recent Trends in Bus and Coach Safety in Britain. *Safety Science* 19, no. 2–3 (1995): 99–107.

[384] Wickstrom, G. L. J. Fault–Frequency Prediction of Chassis Components for Heavy-Duty Trucks. *Proceedings of the Annual Reliability and Maintainability Symposium*, 2002, 522–527.

[385] Wieladek, A. Decision Support for Infrastructure Maintenance on Polish State Railways. *Rail International*, no. 9–10 (1997): 152–159.

[386] Wigglesworth, E. C. A Human Factors Commentary on Innovations at Railroad–Highway Grade Crossings in Australia. *Journal of Safety Research* 32, no. 3 (2001): 309–321.

[387] Williams, D. Savvy Maintenance Planners Turn to Custom Maintenance Trucks. *Coal Age* 108, no. 5 (2003): 1–4.

[388] Williams, M., R. Hollands, D. Schoffield, and B. Denby. Virtual Haulage Trucks: Improving the Safety of Surface Mines. *Proceedings of the Regional APCOM Conference*, 1998, 337–344.

[389] Wilner, F. H. Rail Safety's Newest Face. *Railway Age* 205, no. 10 (2004): 44.

[390] Wilson, J. R., and B. J. Norris. Rail Human Factors: Past, Present and Future. *Applied Ergonomics* 36, no. 6 (2005): 649–660.

[391] Woodward, J. B., M. G. Parsons, and A. W. Troesch. Ship Operational and Safety Aspects of Ballast, Water Exchange at Sea. *Marine Technology* 31, no. 4 (1994): 315–326.

[392] Wright, K., and D. Embrey. Using the MARS Model for Getting at the Causes of SPADS. *Rail Professional*, 2000, 6–10.

[393] Wu, B., and H. Shi. The Research of Active Fault-Tolerant Control for a Ship Propulsion System. *Journal of Harbin Engineering University* 27 (2006): 426–431.

[394] Wu, L., Y. Yang, and G. Jing. Application of Man-Machine-Environment System Engineering in Underground Transportation Safety. *Proceedings in Mining Science and Safety Technology Conference*, 2002, 514–518.

[395] Xiaoli, L. Classified Statistical Report on 152 Flight Incidents of Less than Separation Standard Occurred in China Civil Aviation during 1990–2003. *Proceedings of the 2004 International Symposium on Safety Science and Technology*, 2004, 166–172.

[396] Yamaguchi, H., and H. Kato. Hydrodynamic Effect of Ship Advance on Ice Flexural Failure. *Proceedings of the International Offshore and Polar Engineering Conference*, 1994, 592–595.

[397] Yang, B., X. Wu, and G. Yang. Fault Prediction of Ship Machinery Based on Gray Neural Network Model. *Proceedings of the International Conference on Control and Automation*, 2007, 1063–1066.

[398] Yang, B., and Y. Zhao. Fatigue Reliability Research on RD2 Axle of Railway Freight Car. *Proceedings of the Asian Pacific Conference for Fracture and Strength*, 2006, 62–65.

[399] Yang, G., X. Wu, Q. Zhang, and Y. Chen. Fault Diagnosis of Ship Main Power System Based on Multilayer Fuzzy Neural Network. *Proceedings of the 6th World Congress on Intelligent Control and Automation*, 2006, 5713–5717.

[400] Ye, L., Y. Jiang, W. Jiang, and M. Shen. Locomotive Drivers' Diatheses in China's Railways. *Proceedings of the Conference on Traffic and Transportation Studies, ICTTS* 4 (2004): 392–396.

[401] Yemelyanov, A. M. Unified Modeling of Human Operator Activity in a Real-World Environment. *Conference Proceedings of the IEEE International Conference on Systems, Man and Cybernetics* 3 (2005): 2476–2481.

[402] Yi, H., Y. Zhang, C. Li, and M. Chen. Research on the Model and Software Package for Ship Reliability Analysis. *Proceedings of the Annual Reliability and Maintainability Symposium*, 2002, 386–391.

[403] Yoshimura, A., Y. Yoshida, T. Hosokawa, and K. Kikuchi. Database System for a Railway Track Maintenance Management LABOCS-2+ and Its Application. *Proceedings of the International Conference on Computer Aided Design, Manufacture and Operation in the Railway and Other Advanced Mass Transit Systems*, 1992, 14–18.

[404] Yu, L., P. K. Das, and Y. Zheng. Stepwise Response Surface Method and Its Application in Reliability Analysis of Ship Hull Structure. *Journal of Offshore Mechanics and Arctic Engineering* 124, no. 4 (2002): 226–230.

[405] Zarembski, A. M., and J. F. Cikota. Estimating Maintenance Costs for Mixed High-Speed Passenger and Freight Rail Corridors: A New Tool for Rail Planners. *TR News*, no. 255 (2008): 29–31.

[406] Zattoni, E. Detection of Incipient Failures by Using an H2-Norm Criterion: Application to Railway Switching Points. *Control Engineering Practice* 14, no. 8 (2006): 885–895.

[407] Zhao, J., A. H. C. Chan, and M. P. N. Burrow. Reliability Analysis and Maintenance Decision for Railway Sleeper Using Track Condition Information. *Journal of the Operational Research Society* 58, no. 8 (2007): 1047–1055.

[408] Zvolensky, P., V. Stuchly, and J. Grencik. Computerization of Rail Vehicles Maintenance Systems. *Proceedings of the 6th International Conference on Computer Aided Design, Manufacture and Operation in the Railway and Other Advanced Mass Transit Systems*, 1998, 683–692.

图书在版编目（CIP）数据

交通运输系统的可靠性与安全性/（加）B. S. 迪隆（B. S. Dhillon）著；丁川，鲁光泉，王云鹏译. —北京：机械工业出版社，2018. 2

（智能交通先进技术译丛）

书名原文：Transportation Systems Reliability and Safety

ISBN 978-7-111-59007-1

Ⅰ.①交… Ⅱ.①B…②丁…③鲁…④王… Ⅲ.①交通运输系统－可靠性②交通运输系统－安全性 Ⅳ.①U491

中国版本图书馆 CIP 数据核字（2018）第 014448 号

机械工业出版社（北京市百万庄大街 22 号 邮政编码 100037）

策划编辑：孙 鹏 责任编辑：孙 鹏

责任校对：佟瑞鑫 封面设计：鞠 杨

责任印制：常天培

涿州市京南印刷厂印刷

2018 年 3 月第 1 版第 1 次印刷

169mm×239mm · 11. 25 印张 · 2 插页 · 216 千字

0001–2500 册

标准书号：ISBN 978-7-111-59007-1

定价：80.00 元

凡购本书，如有缺页、倒页、脱页，由本社发行部调换

电话服务	网络服务
服务咨询热线：010－88361066	机 工 官 网：www. cmpbook. com
读者购书热线：010－68326294	机 工 官 博：weibo. com/cmp1952
010－88379203	金 书 网：www. golden－book. com
封面无防伪标均为盗版	教育服务网：www. cmpedu. com